U0118928

周子通书

[宋] 周敦颐 撰

徐洪兴 导读

上海古籍出版社

图书在版编目（CIP）数据

周子通书 /（宋）周敦颐撰；徐洪兴导读. —上海：上海古籍出版社，2020.5（2023.8重印）

（天地人丛书）

ISBN 978-7-5325-9619-5

Ⅰ. ①周… Ⅱ. ①周… ②徐… Ⅲ. ①周敦颐（1017—1073）—哲学思想—研究 Ⅳ. ①B244.25

中国版本图书馆CIP数据核字（2020）第073052号

天地人丛书

周子通书

【宋】周敦颐 撰

徐洪兴 导读

上海古籍出版社出版、发行

（上海市闵行区号景路159弄1-5号A座5F 邮政编码201101）

（1）网址：www. guji. com. cn

（2）E-mail：guji1 @ guji. com. cn

（3）易文网网址：www. ewen. co

启东市人民印刷有限公司印刷

开本 850×1168 1/32 印张4.375 插页3 字数 87,000

2020年5月第1版 2023年8月第4次印刷

ISBN 978-7-5325-9619-5

B·1144 定价：20.00 元

如有质量问题，请与承印公司联系

出版说明

　　儒家自孔子开派以来,留意的是修齐治平之道、礼乐刑政之术,其间虽有仁义中和之谈,但大抵不越日常道德之际。汉唐诸儒治经,大多着重名物训诂、典章制度,罕及本体。及至宋儒,始进而讨究原理,求垂教之本原于心性,求心性之本原于宇宙。故原始儒学的特色是实践的、情意的、社会的、人伦的,而源于宋、延及明清的儒学(即宋明理学)的特色则是玄想的、理智的、个人的、本体的。

　　北宋周敦颐作《太极图说》,阐发心性义理之精微,奠定了理学的基础。此后理学昌盛,大致可分三大系统:二程(程颢、程颐)、朱熹一系强调"理",陆九渊(象山)、王守仁(阳明)一系注重"心",张载、王夫之(船山)一系着眼"气"。清初颜元(习斋)初尊陆王,转宗程朱,最终回归原始儒学,以"实文、实行、实体、实用"为治学宗旨。

　　《天地人丛书》选取宋明及清初诸位大儒简明而有代表性的著作凡8部,具体如下:

1. 周子通书

北宋周敦颐字茂叔，世称濂溪先生。他继承了《易传》和部分道家、道教思想，提出一个简单而有系统的宇宙构成论："无极而太极"，"太极"一动一静，产生阴阳万物；圣人模仿"太极"建立"人极"；"人极"即"诚"，"诚"是道德的最高境界。周敦颐的学说对以后理学的发展产生极大影响，他的代表著作《通书》不仅蕴涵丰富的义理，而且浑沦简洁，为后人提供了广阔的想象与阐释空间，被后世奉为宋明理学首出之经典。

本书以清道光二十六年（1846）何绍基刻《宋元学案》本为底本排印。书后附相关文献六种：《太极图》《太极图说》《朱子论太极图》《朱子论通书》《朱陆太极图说辨》《梨洲太极图讲义》。

2. 张子正蒙

北宋张载字子厚，世称横渠先生。张载提出"太虚即气"的理论，肯定"气"是充塞宇宙的实体，"气"的聚散变化形成了各种事物现象。张载一生著述颇丰，有《文集》《易说》《春秋说》《经学理窟》等，《正蒙》是他经过长期思考撰成的著作，是其哲学思想的最终归结。因此，该书不仅受到理学家的推崇，其他学者也十分重视。

本书以清同治四年（1865）金陵书局刻《船山遗书》本《张子正蒙注》为底本排印，除《正蒙》原文之外，还收录了明末清初王夫之的注释。

3. 二程遗书

程颢字伯淳,世称明道先生。程颐字正叔,世称伊川先生。兄弟俩同为北宋理学的奠基者,后世合称"二程"。程颢之学以"识仁"为主,程颐之学以"穷理"为要,他们的学说后来为朱熹所继承和发展,形成了程朱学派。《二程遗书》较为全面地体现了二程理学思想。该书反映了以程颢、程颐为首的北宋洛学的思想特征,也反映了二程的历史观点。

本书以清同治十年(1871)涂宗瀛刻《二程全书》本为底本。书后附《明道先生行状》《墓表》《门人朋友叙述并序》《伊川先生年谱》等相关文献。

4. 朱子近思录

南宋朱熹发展了二程关于理气关系的学说,集理学之大成。他的著作在明清两代被奉为儒学正宗,他的博学和精密分析的学风也对后世学者影响巨大。《近思录》十四卷,是朱熹在另一位理学大师吕祖谦的协助下,采撷周敦颐、程颢、程颐、张载四先生语录类编而成。此书借四人的语言,构建了朱熹简明精巧的哲学体系,被后世视为"圣学之阶梯""性理诸书之祖"。

本书以明嘉靖年间吴邦模刻本为底本。书后附《朱子论理气》《朱子论鬼神》《朱子论性理》三篇,均摘自《朱子语类》。

5. 象山语录

南宋陆九渊，世称象山先生，他提出"心即理"之说，认为天理、人理、物理即在吾心之中，心是唯一的实在。《语录》二卷集中反映了他的思想特征。

本书以上海涵芬楼影印明嘉靖间刻《象山先生全集》本为底本。

6. 阳明传习录

明王守仁，世称阳明先生，他发展了陆九渊的学说，形成"陆王学派"，主张用反求内心的修养方法"致良知"，以达到"万物一体"的境界。《传习录》三卷，是王阳明心学的主要载体。

本书以明隆庆六年（1572）谢廷杰刻《王文成公全书》本为底本。

7. 船山思问录

明末清初的王夫之，字而农，世称船山先生。他对心性之学剖析精微，有极浓厚的宇宙论兴趣，建构了集宋明思想大成的哲学体系；他不仅博览四部，还涉猎佛道二藏，工于诗文词曲。船山之学博涉多方，若要对其思想有一个鸟瞰式的把握，《思问录》可作首选。此书分为内外二篇，内篇是对自家基本哲学观点的陈述，外篇则是申说对具体问题的看法。《思问录》是船山学说主要观点的浓缩，可与《张子正蒙注》互相发明。

本书以民国二十二年（1933）上海太平洋书店排印《船山遗书》本为底本。木附《老子衍》《庄子通》二种。

8. 习斋四存编

清颜元号习斋，少时好陆王书，转而笃信程朱之学，最终又回归周孔，提倡恢复"周孔之学"。在学术上，和学生李塨一起，倡导一种注重实学、强调"习行""习动"、反对读死书的学风，世称"颜李学派"。被后人推崇为"继绝学于三古，开太平以千秋"的《四存编》，反映了颜习斋一生的思想历程。此书分"存性""存学""存治""存人"四编，作者的主要思想表现在"存性""存学"两编里，"存人编"则专为反对佛教、道教和伪道门而作。

本书所依底本为民国十二年（1923）四存学会排印《颜李丛书》本，该版本在民国时流传较广，但相较于康熙年间初刻本，略去若干序跋、评语。此次整理，将略去部分补足，以还初刻本之原貌。

本丛书每本之前，冠以专家导读，勾勒其理论框架，剔抉其精义奥妙，探索其学术源流、文化背景，以期在帮助读者确切理解原著的同时，凸现一代宗师的学术个性。同时，整套丛书亦勾画出宋明理学前后发展的主线，是问津宋以后儒学演进、下探当代新儒学源流必读的入门书。

目　录

周子通书导读

徐洪兴

周敦颐的名字人们并不陌生,这首先应该归功于他的那篇中学语文教材中必选的传世佳作《爱莲说》。但是,稍稍了解一点中国思想文化发展脉络的人都知道,周敦颐之出名,主要不在于他写了《爱莲说》,而在于他是宋明理学的重要开山人物之一。

　　《宋元学案》的作者之一黄百家曾这么说过:

　　　　孔孟而后,汉儒止有传经之学。性道微言之绝久矣。元公(周敦颐)崛起,二程(程颢、程颐)嗣之,又复横渠(张载)诸大儒辈出,圣学大昌。故安定(胡瑗)、徂徕(石介)卓乎有儒者之矩范,然仅可谓有开之必先。若论阐发心性义理之精微,端数元公之破暗也。[①]

黄百家指出,从理学发生的实际历史过程而言,胡瑗、石介等"有开之必先"之功;但从理学理论体系的建构过程即"阐发心性义理之精微"而言,则数周敦颐有"破暗"之功。这基本上还是符合北宋理学发展之实情的。[②]

　　周敦颐的著作并不多,存世的就更少,仅《太极图》(并《说》)、《通书》及少量的诗文。而所谓其"阐发心性义理之精微"的文字,应该说主要也就是《太极图说》和《通书》。

---

① 《宋元学案·濂溪学案上》。
② 详参拙作《思想的转型——理学发生过程研究》,上海人民出版社1996年12月版。

一、《通书》之名

关于周敦颐的著作，我们现在所能知道的最早、也是最权威的记载，当推其友人潘兴嗣所作的《濂溪先生墓志铭》。潘氏在《志》中记周敦颐：

> 尤善谈名理，深于《易》学，作太极图易说易通数十篇，诗十卷，今藏于家。[①]

这里，周敦颐的著作难以标点断句。传统上是按朱熹之说来断，"作《太极图》《易说》《易通》数十篇"。我们知道，朱熹是收集、整理、注解周敦颐著作并弘扬其思想的第一功臣，他在《再定太极通书后序》中说：

> 故清逸潘公志先生之墓，而叙其所著之书，特以作《太极图》为首称，而后乃以《易说》《易通》系之，其知此矣。[②]

在其下的自注中朱熹又云：

> 先生（周敦颐）《易说》，久已不传于世，向见两本皆非是。其一《卦说》，乃陈忠肃公（瓘）所著。其一《系辞说》，又皆佛

[①]《周子全书·濂溪先生墓志铭》。
[②]《朱文公文集》卷七十六《再定太极通书后序》（下引只列篇名）。

老陈腐之谈,其甚陋而可笑者,若曰"《易》之冒天下之道,犹狙公之罔众狙也"。观此,则决非先生所为可知也。①

按朱熹的说法,潘《志》所记周著当为三种,而其中的《易说》一种在当时已不传世。晚近以来,这一传统的说法受到了挑战。邱汉生先生对潘《志》所记重加断句,认为周敦颐并没有作过《易说》,而只是作了《太极图·易说》和《易通》。此当然不失为持之有据的一家言,兹不具论。②

接着,朱熹开始说《通书》:

《易通》疑即《通书》。盖《易说》既依经以解义,此则通论其大旨而不系于经者也。特不知其去"易"而为今名,始于何时尔。③

朱熹此疑的证据就是潘《志》所记书名。但朱熹的学生度正却别有一说,他根据傅耆给周敦颐的两封信中提到,周曾示傅以《姤说》和《同人说》之文,而在跋周敦颐《贺傅伯成手谒》中推论道:"按傅氏家集,濂溪在吾州,尝以《姤说》示之,其后在零陵又寄所改《同人说》。二《说》当即所谓《易通》者。"④后来,度正的推论无人认同,而朱熹之疑则影响

① 《再定太极通书后序》。
② 详可参侯外庐、邱汉生、张岂之主编《宋明理学史》(上卷),《理学开山周敦颐》,人民出版社1984年4月版。
③ 《再定太极通书后序》。
④ 《周子全书·贺傅伯成手谒·跋》。

颇大。

我们从《通书》流传的实际状况来看，早在朱熹之前，胡宏为之作序、祁宽为之作跋，都已作《通书》了；[①]又朱震于宋高宗绍兴四年甲寅（1134年）所上《汉上易解》的"经筵表"中，亦谓"敦颐作《通书》"；[②]说明此书在南宋初期已名《通书》。据祁宽的跋文，此书之流传主要出自程门（说见下），推想下来可能是二程兄弟或程门中人所改。至于为何有此一改，及究竟何人所改，早在朱熹之时已无从考定。

总之，朱熹的观点，一般能为学界所接受。但人们仍因旧惯（包括朱熹本人），习称其为《通书》而不称《易通》，所以这一名称也就一直沿袭至今。

二、《通书》与《太极图说》之关系

《通书》与《太极图说》，从其流传之始起就结下了不解之缘。它们之间的关系，可以从两方面来讲，一是关于版本的，一是关于义理的，而后者的重要性应该说要在前者之上。

我们先看版本关系，这主要是一个考据的问题。祁宽在其绍兴十四年甲子（1144年）所作的《通书·后跋》中说：

> （《通书》）始出于程门侯师圣（仲良），传之荆门高元举、朱子发（震）。宽初得于高，后得于朱。又后得尹和靖（焞）先

---

① 胡序、祁跋见《周子全书》。
② 见《宋史·朱震传》。

生所藏,亦云得之程氏,今之传者是也。逮卜居九江,得旧本
于其家(周敦颐家),比前所见,无《太极图》。或云《图》乃手
授二程,故程本附之卷末也。①

从上可知,祁宽共经眼《通书》的三个本子:其中两种出自二
程及门弟子,一由程颢弟子侯仲良所传,一由程颐晚年高足尹
焞所传;另一种是九江周敦颐后人家中所得家传本。程门传
本与周氏家传本在《通书》部分的内容基本相同,祁宽仅"校
正舛错三十六字,疑则阙之"②。而它们的最大区别,就在于前
者卷末均附有《太极图》,后者没有此图。

对这个重大区别,祁宽只作出了令人难以满意的含混解
释:"或云《图》乃手授二程,故程本附之卷末也。""或云"者,
据说也。据谁所说? 他没有讲。作为程颐二传弟子的祁宽
(尹焞及门),大概是从师门中听说的吧? 这还不是关键的问
题,不讲也罢。最关键的是,在九江周氏家中是否另有单独的
《太极图》(并《说》)的本子? 祁宽也没讲。按常理来推的
话,如果有此单独的本子,他应该会讲。这一问题之所以为关
键,是因为后来有不少人怀疑《太极图》非周敦颐所作。

据我们目前所知,《太极图》(并《说》)在南宋初刊之时,
都是附在《通书》之后的。一直到朱熹两次校定《通书》后,
《太极图》(并《说》)开始从末附变成了篇首。

---

① 《周子全书·通书·后跋》。
② 《周子全书·通书·后跋》。

朱熹初次校定《通书》完毕，是在宋孝宗乾道五年己丑（1169年）。当时，朱熹经眼的世传本子已有舂陵本、零陵本、九江本和长沙本四种。[①]这些本子都以程门传本为准，即于卷末附有《太极图》。[②]从此也可推知，祁宽所跋的本子亦是程门传本。但在朱熹看来，世传的本子统统本末倒置了，必须加以重新厘定。于是他以四个本子中"最详密"的长沙本为底本，进行了校勘工作。"长沙本"是胡宏的传本，所谓"最详密"者，就是指其"所附见铭碣诗文，视他本则详矣"[③]。可朱熹认为此本也有问题：除了前面提到的《图》与《书》"本末倒置"之外，"长沙《通书》，因胡（宏）氏所传篇章非复本次，又削去分章之目，而别以'周子曰'加之，非先生之旧"[④]。所以，朱熹的校定，除了一般的文字校勘外，主要做了以下三方面的工作：

一、特据潘《志》，置《图》（《太极图》）篇端；

二、《书》（《通书》）之序次名章，亦复其旧；

三、即潘《志》及浦左史、孔司封、黄太史所记先生行事之实，删去重复，参互考订，合为《事状》一端。[⑤]

---

① 《朱文公文集》卷七十五《周子太极通书后序》（下引只列篇名）记曰："周子书，今舂陵、零陵、九江皆有本，而互有同异。长沙本最后出，乃熹所编定，视他本最详密。"

② 按：朱熹《再定太极通书后序》云"建安本"（朱熹初次手定《通书》本）之前《太极图》……诸本皆附于《通书》之后。

③ 《再定太极通书后序》。

④ 《周子太极通书后序》。

⑤ 见《再定太极通书后序》。

朱熹的这个初校本，就是"建安本"，书名则定为《太极通书》。

十年以后，即宋孝宗淳熙六年己亥（1179年），朱熹完成了对《通书》的再校。再校之缘起，是由于朱熹又得《通书》的"临汀杨方本"，以此与"建安本"比勘，"知其（建安本）舛陋犹有未尽正者"，所以再加校对。[①]再校实际只是对"建安本"作了一些小的改动，其大的结构框架则根本未变。当时，朱熹正主南康军，这个再校本就刊于南康军的学宫，是为"南康本"。"南康本"遂成为周敦颐著作的最初定本，后世流传的《周子全书》《周元公集》《周濂溪先生集》《周敦颐集》等种种版本，都是在这个"南康本"的基础上，不断增添后人的文字而衍变成的。

版本的问题即如上述，从中我们不难发觉，朱熹的改动实无多大考据上的支持。他把《太极图》（并《说》）从《通书》末附变成了篇首，依据的材料仅潘《志》一证。但潘《志》对《太极图》和《易通》是分别记载的，当中还夹了一种《易说》，且不论《易说》与《太极图》是分还是合。所以，朱熹的改动，未必就符合潘《志》之实。至少，他无法解释祁宽所经眼的周氏家传本《通书》为何无《图》的问题。对这一漏洞，素重"格致"的朱熹不会不知道。因此从实质上讲，他之所以有此一改，原因主要不是出于考据，而恰恰是出于义理，即出于他个人对周敦颐思想的理解、诠释和评价。

---

① 参见《再定太极通书后序》。

在"建安本"和"南康本"的后序中，朱熹反复强调了一个最基本的思想，即《太极图》是《通书》之纲领，而《通书》则是《太极图》之展开：

> 先生之学，其妙具于太极一《图》。《通书》之言，皆发此《图》之蕴。而程先生兄弟语及性命之际，亦未尝不因其说。……先生既手以授二程，本《图》附《书》后。传者见其如此，遂误以《图》为《书》之卒章，不复厘正。使先生立象尽意之微旨，暗而不明。而骤读《通书》者，亦复不知有所总摄。此则诸本（即"建安本"之前诸本）皆失之。①
>
> 盖先生之奥，其可以象告者，莫备于太极之一《图》。若《通书》之言，盖皆所以发明其蕴。……然诸本皆附于《通书》之后，而读者遂误以为《书》之卒章，使先生立象之微旨，暗而不明。骤而语夫《通书》者，亦不知其纲领之在是也。②

朱熹这么说，当然也无不可，因为它不是考据的，而是义理的。考据必须强调澄清具体的事实，而义理则可以见仁见智，依据各人的哲学主张作出不同的理解和评价。但惟其是义理的，故亦容易引出争议。

最先对朱熹关于《太极图》（并《说》）与《通书》关系见解发难的，是陆九韶（梭山）、陆九渊兄弟。陆氏兄弟在与朱

---

① 《周子太极通书后序》。
② 《再定太极通书后序》。

熹关于"无极太极"之辩时,连带涉及了《太极图说》与《通书》的关系问题,他们认为:

> 《太极图说》与《通书》不类,疑非周子所为。不然则或是其学未成时所作,不然则或是传他人之文,后人不辨也。盖《通书·理性命》章言:"中焉止矣。二气五行,化生万物。五殊二实,二本则一。"曰"一"、曰"中",即"太极"也。未尝于其上加"无极"字。《动静》章言"五行""阴阳""太极",亦无"无极"之文。假令《太极图说》是其所传,或其少时所作,则作《通书》时,不言"无极",盖已知其说之非矣。……朱子发谓濂溪得《太极图》于穆伯长(修),伯长之传出于陈希夷(抟),其必有考。希夷之学,老氏之学也。"无极"二字出于《老子·知其雄》章,吾圣人之书所未有也。……《太极图说》以"无极"二字冠首,而《通书》终篇,未尝一及于"无极"字。二程言论文字至多,亦未尝一及"无极"字。假令其初实有是《图》,观其后来未尝一及"无极"字,可见其道之进,而不自以为是也。兄今考定注释,表显尊信,如此其至,恐未得为善祖述者也。①

这里,二陆兄弟提出三种可能:其一,《太极图说》可能不是周敦颐所作;其二,如果是周敦颐所作,可能也是其思想没有成熟时的作品;其三,可能是周敦颐传他人之文,后人不辨而误

---

① 《陆九渊集》卷二《与朱元晦》。

为周氏之作。前两种可能的主要依据是,《通书》终篇及二程文字中,从来没有提到过"无极"这个概念。[①]后一种可能的依据是,朱震在"经筵表"陈述中提到,周敦颐之《太极图》来自华山道士陈抟,并非其自创,而"无极"概念出自《老子》一书,因此不是儒家的传统思想。

朱熹对二陆发难的回应,主要集中在解释"太极"与"无极"的关系上,而且颇参以己意,[②]这里就不必细述。陆与朱之争的立意,关键本不在于两书的关系问题,而在于对周敦颐哲学的宇宙论和本体论的理解问题。倘若纯就两书的关系而言,二陆的证据是不够充分的,就如黄宗羲所说的那样是仅仅缠绕在"无极""太极"的"字义先后之间"。但其指出最后一点,即《太极图说》与道家和道教有很大关联,却颇启后来清初学者的思路。

进入清代,考据之学大盛,出现了所谓的汉宋之争,而《太极图说》又成为众多学者感兴趣的题目。如黄宗羲作《易学象数论》,黄宗炎作《太极图辨》,毛奇龄作《太极图说遗议》,朱彝尊作《太极图授受考》,胡渭作《易图明辨》等,把朱

---

① 此说并不尽然,小程子的《程氏易传》中就提到过"无极"。在其《易传》的《易序》中,程颐说:"'易有太极,是生两仪。'太极者道也,两仪者阴阳也。阴阳,一道也;太极,无极也。"(《二程集》第690页,中华书局1981年7月版。)

② 如黄宗羲在《宋元学案·濂溪学案下》案语中谓:"朱陆往复几近万言,亦可谓无余蕴矣。然所争只在字义先后之间,究竟无以大相异也。惟是朱子谓'无极即是无形,太极即是有理';'在无物之前,而未尝不立于有物之后';在阴阳之外,而未尝不行于阴阳之中'。此朱子自以'理先气后'之说解周子,亦未得周子之意也。"

陆之争及元明时期的吴澄、曹端、罗钦顺、刘宗周等关于《太极图说》"理气"问题的义理之争,转而纯为考据的问题。

　　清儒对义理问题虽不感兴趣,但在考据上却花了很大力气。他们找出了不少证据:有的证明其本于陈抟刻在华山石壁上的《无极图》;有的证明其来自《道藏》的《真元品》;有的证明其从佛教华严宗五祖、禅宗荷泽系禅师宗密的《禅源诸诠集》之《十重图》转出。由此他们得出结论:《太极图说》虽出自宋儒之首周敦颐,实本之二氏所传,非儒家正统也。而黄百家在《宋元学案》中,干脆把被朱熹颠倒过来的《图》《书》次序,重新又颠倒过来,并指出:

> 《性理》首《太极图说》,兹首《通书》者,以《太极图说》后儒有尊之者,亦有议之者,不若《通书》之纯粹无疵也。[1]

清儒的考据,言之凿凿,为后来很多学者所接受,当然也有人再作考证文章以翻清儒之案。[2]但这些考据,实与义理之争关涉不大。周敦颐的确从道、佛那里汲取不少思想成分,这是毋庸讳言的。周敦颐实际是一个心胸洒落、气象宏大的智者,虽其价值取向的立足点始终在儒家,但却广泛涉猎佛道学说,也不忌于与方外道僧过往。他本人从未说过自己是以辟佛老

---

[1]　《宋元学案·濂溪学案上》。
[2]　如今人李申作《太极图渊源辩》,认为《太极图》是周敦颐发明的,与道教无关,反而是南宋的道教徒剽窃并改造了周敦颐的《太极图》。详见《周易研究》1991年第1期。

为己任的纯儒，就如后来的张载、二程那样。只是朱熹为了强调儒家的"道统"，所以在那里曲意辩解，说他是个纯儒而已。

晚近以来的学界，就《太极图说》与《通书》在义理上的关系问题，较多人还是接受朱熹的观点，但也有人反之。反之既甚且详者，当推港台新儒家之首牟宗三先生。他在《心体与性体》一书中表达的观点是：

> 《太极图》可能源自道教，而《图说》则断然是濂溪之思想。自儒家义理言，此图并无多大价值，即无此图，《图说》之义理仍可独立被理解。要者在《图说》之思想。濂溪之藉图以寄意，其所寄之意固甚严整，而亦全本于《通书》，然自其"藉图"而言，则是一时之兴会，所谓好玩而已。濂溪并非必须先独自构画一图以及必须应此图始能结构出一套义理。此即示此图对于《图说》义理并无抒意上之必然关系，亦无理解上之必然关系。……濂溪决非先有此图及《图说》，然后始推演出《通书》之义理，故自时间前后说，《图说》决不能早于《通书》。自义理系统之次序言，亦不能以《图说》为本而解《通书》，只能以《通书》为本而解《图说》。《图说》固大体根据《动静》章，《理性命》章，《道》章，《圣学》章而写成，然《通书》之论诚体者却不能见之于《图说》，此即示《图说》并不能为《通书》之先在纲领或综论。[①]

---

① 《心体与性体》（一）第408—409页，台湾正中书局1968年5月版。

牟氏之论,纯自义理的理解出,个人色彩十分强烈,但也不失为言之成理的一家之言。而且,就对应朱熹根据义理来定《图》《书》次序的说法,其所论更具针对性。

总之,《通书》与《太极图说》的关系十分密切,要了解周敦颐的思想,两者以参照阅读为佳。如果强要区分两者在反映周敦颐思想方面孰重孰轻的话,我个人的理解比较倾向于牟宗三先生的观点,即认为《通书》比《太极图说》更为重要,尽管我很难同意牟氏关于周敦颐作《太极图》是"好玩"的说法,也不敢肯定在时间上《通书》一定就早于《图说》。

三、《通书》理论意义举例

《通书》的篇幅极其有限,共四十章,仅2 601字。其结构也很不严整,最长的一章有189字,而最短的一章仅22字。文字的风格则颇类语录体,无甚章法布局可言。但就是这样的一部小书,居然被奉为宋明理学首出的经典,受到了历代理学家们的高度重视,反复研玩诠解,乃至讨论争辩。原因无他,就在于其蕴涵了相当丰富的义理,且浑沦简洁,为后人提供了很大的想象与解释的空间。

朱熹于淳熙十四年丁未(1187年)完成《通书》的注释以后,曾写过一篇《后记》,在其中他不无感慨地说:

> 熹自蚤岁,即幸得其遗编而伏读之,初盖茫然不知其所谓,而甚或不能以句。壮岁,获游延平(李侗)先生之门,然后

始得闻其说之一二。比年以来，潜玩既久，乃若粗有得焉。虽
其宏纲大用，所不敢知，然于其章句文字之间，则有以实见其
条理之愈密，意味之愈深，而不我欺也。顾自始读以至于今，
岁月几何，倏焉三纪，慨前哲之益远，惧妙旨之无传。窃不自
量，辄为注释。虽知凡近，不足以发夫子之精蕴，然创通大义，
以俟后之君子，万一其庶几焉。

朱熹从初读此书，到完成对其的注释，前后花了整整三十余年
的时间，尚不敢自必而仅谓"粗得"，且知之"凡近"，这倒不
见得完全是表示他的谦虚或出于对前哲的景仰，其中更多的
是述说他长期研读后的一种体认。那么，朱熹"潜玩"《通书》
"三纪"之所得为何？他是这样概括的：

　　《通书》者，濂溪夫子之所作也……本号《易通》，与《太
极图说》并出程氏以传于世，而其为说实相表里。大抵推一
理、二气、五行之分合，以纪纲道体之精微；决道义、文辞、利禄
之取舍，以振起俗学之卑陋。至论所以入德之方，经世之具，又
皆亲切简要，不为空言。顾其宏纲大用，既非秦汉以来诸儒所
及；而条理之密，意味之深，又非今世学者所能骤而窥也。是以
程氏既没，而传者鲜焉。其知之者，不过以为用意高远而已。[①]

在朱熹看来，《通书》从理、气、五行的分合上，勾勒出了道体

————————————

① 《朱文公文集》卷八十一《周子通书后记》。

的精微；从道义、文辞、利禄的取舍上，超越了俗学的卑陋；又亲切、简要、实在地论述了修养工夫（"入德之方"）及治国方法（"经世之具"）；因此具有完整的理论体系即"宏纲大用"之性质。如果用现在的话来说，《通书》的内容包含了自然、心性、道德、涵养、教化、政治等方方面面。朱熹的这番话虽然是他个人的读书心得，但也决非泛泛而论，值得我们高度重视。

这里，我们不妨试着从中国哲学史的角度出发，分析《通书》中的几章，以管窥一下周敦颐之学。当然，这一分析也纯是义理的，读者诸君完全可以不同意其中的观点而另立更有说服力的新见。

（一）《动静第十六》

> 动而无静，静而无动，物也。动而无动，静而无静，神也。动而无动，静而无静，非不动不静也。物则不通，神妙万物。水阴根阳，火阳根阴。五行阴阳，阴阳太极。四时运行，万物终始。混兮辟兮，其无穷兮！

此章是周敦颐论宇宙之生成及本体，颇富思辨色彩，应与《通书·理性命》中后半段"二气五行，化生万物。五殊二实，二本则一。是万为一，一实万分。万一各正，小大有定"及其《太极图说》之前段参照阅读。《太极图说》前段则如是说：

> 无极而太极。太极动而生阳，动极而静；静而生阴，静极

复动。一动一静，互为其根。分阴分阳，两仪立焉。阳变阴合，而生水、火、木、金、土。五气顺布，四时行焉。五行，一阴阳也；阴阳，一太极也；太极，本无极也。五行之生也，各一其性。无极之真，二五之精，妙合而凝。"乾道成男，坤道成女"，二气交感，化生万物。万物生生，而变化无穷焉。

以上内容略作比较，即可发现它们完全是互通的。

先看从"动而无静"到"神妙万物"一段。这一段很重要，它实质上是在讲"无极而太极"问题，我们可以循着朱、陆对此命题的争论展开分析：二陆与朱熹争"无极而太极"，主要从生成论的角度来理解，认为《易》之"太极"即是"中"，即是本源；在"太极"之上（或之前）再加"无极"，既是"叠床上之床，架屋下之屋"，且落入老子"有生于无"之旨。[①]朱熹的辩解是从本体论的角度来理解的，认为非"太极"之外复有一"无极"，两者本一，"无极即是无形，太极即是有理"；但分解地说，"无极"是有中说无，"太极"是无中说有："不言无极，则太极同于一物，而不足为万化之根；不言太极，则无极沦于空寂，而不能为万化之根。"[②]易言以明之，"无极"之"无"非没有之意，即不是不存在，而是无形无状却实有此理之意，它也是存在，只是无形、无状、无名、无限罢了，但它却是"太极"之所以为"太极"的存在依据。

---

① 详参《陆九渊集》卷二《与朱元晦》。
② 详参《朱文公文集》卷三十六《答陆子美书》。

朱、陆双方应该说各有所据,但我以为朱熹的理解更为深刻一点,尽管他的发挥可能已超出了周敦颐之本意。二陆之所以会从生成论角度理解此命题,一是与传统的思维进路有关;另外也与《太极图说》的版本有关,因为当时《太极图说》的《国史》本此句为"自无极而为太极",是朱熹不取其说。[1]朱熹之所以不取其说,而作出上面的理解,我想即在于《动静》章。因为按《太极图说》的说法,人们很自然地会产生如二陆的生成论之理解,即顺序地从"无极"到"太极"到"阴阳"到"五行"("无极"→"太极"→"阴阳"→"五行"),这里隐含着一个时间的流变过程。而《动静》章言,"物"仅仅执"动"或"静"之一端("动而无静,静而无动"),要么"动",要么"静",非此即彼,故为"不通";阴阳虽非限定之物,但却始终只是在一动一静的流变之中("太极动而生阳,动极而静;静而生阴,静极复动;一动一静,互为其根"),对它们更多只能是靠感性经验来体会,却很难用先验思维来把握,因为静的思难以抓住动的流;"太极"虽是本源,是动之发动,但其动之发动如何成为可能? 是因为"太极"具有"神"的性质或曰功能;只有"神"是"动而无动,静而无静"却又"非不动不静"的,它跳出了生成流变的过程,消解了时间因子,成为动和静之所以能够动静的原因;"神"是无形无状的,但却又是实有的存在,它可以"妙万物";这个"神",实质上

---

[1] 个中曲折兹不细述,详可参《朱文公文集》卷七十一《记濂溪传》、卷八十《邵州州学濂溪先生祠记》中所记原委。

也就是"无极";"无极"和"太极"本是二而一、一而二的，实无先后上下之分，如果硬要说"无极"先于"太极"，那也只能理解为是逻辑在先，而决不是时间在先。

理解了上面的那段话，以下"水阴根阳"诸句就不难解读了，即水之阴是根于火之阳而来；反之，"火阳根阴"亦然，此即所谓"一动一静，互为其根"之意；而"五行阴阳，阴阳太极"，亦即"五行，一阴阳也；阴阳，一太极也"之意。至于上引《太极图说》的后面数句，则亦可参照《理性命》诸句理解，就不必详释了。

我们知道，在此之前，中国本土哲学探讨本源问题，多是通过对《周易》或《老子》的诠释而进行的。人们普遍重视《周易》的"易有太极，是生两仪，两仪生四象，四象生八卦"，以及"天地细缊，万物化醇；男女构精，万物化生"；或则《老子》的"天下万物生于有，有生于无"，以及"道生一，一生二，二生三，三生万物"。这些思想资料虽然含有一些本体论的意味，但更多是从生成论角度来谈的。由此，形成中国人讨论本源问题多习惯于从生成论着眼，即从纵的思路直贯下来，二陆子就是一例。而周敦颐之《动静》章较之前人显已有所突破。他拈出《周易·说卦》"神也者妙万物而为言者也"中"神"的概念，试图从横的层面来探讨本源问题，这就具有了形上本体的意味。在中国传统哲学的宇宙论中，生成与本体问题始终纠缠在一起。如就性质言，两者虽有关联但毕竟不同，生成问题实质是一个实证问题，它最终可归向于科学；而本体问题实质是一个思辨问题，它始终与哲学紧紧联系在一起。[①]但直到宋代之前,宇宙生成论在中国本土哲学中始终占据着主导地位,而宇宙本体论却几无多大探究。是周敦颐首先在北宋理学家中尝试从本体论维度思考宇宙的本源问题。所以,尽管宇宙本体论在周敦颐那里还很不成熟,[②]其思想中仍混杂着不少传统生成论的成分,但却不能不说他对中国本土哲学作了一个重大的推进。朱熹说得好:

> 若论"无极"二字,乃是周子灼见道体,迥出常情,不顾旁人是非,不顾自己得失,勇往直前,说出人不敢说底道理,令后之学者晓然见得"太极"之妙,不属有无,不落方体。若于此看得破,方见得此老真得千圣以来不传之秘。[③]

而黄百家所谓周敦颐之"破暗",此点也应包括在内,尽管他并未言及于此。

再进一步看,周敦颐的这一"天道"观,有其重大的思想史意义。如所周知,在魏晋南北朝到隋唐时期,作为外来文化的佛教,以其特有的一套精致的思辨哲学风靡于中国的思想界,并向传统的儒家和道家及道教思想提出了严峻挑战,中国传统的文化价值理想面临一场严重的危机。当时,佛教徒认为,中国传统文化的哲学基础即宇宙论和心

---

① 按:这里并无区分生成论与本体论两者优劣之意,这是两种不同的思维进路。
② 按:宇宙本体论真正开始成熟,要到张载的"气"本论,尤其是二程的"理"本论,而其完成则要到朱熹的"理气"论。
③ 《朱文公文集》卷三十六《答陆子静书》。

性论过于浅薄，根本不足与佛教相抗衡。如唐代的华严宗大师宗密，在其《原人论》中，就攻击儒、道两家共同的宇宙论——“元气”论，认为这种宇宙论仅仅相当于小乘佛教中所说的“空劫”阶段：“不知空界已前早经千千万万遍成住坏空、终而复始。故知佛教法中小乘浅浅之教，已超外典（儒、道二家之学）深深之说。”依佛教大乘的教义，宇宙本是人心生灭妄想所变之境，其本身是虚幻不实的，因此称之为“假有”。而中国传统思想文化的“元气论”，实质上是一种“迷执”，即执迷于所谓的“假有”。因此，必须破除“迷执”，返照心源，终归于涅槃静寂，这最后部分就进入了佛教的心性论。

佛教的这种宇宙论，虽然也能自圆其说，但显然是为以儒、道两家为代表的中国传统思想文化所不能接受的。在中国传统思想中，一向把宇宙看成是一个生生不息、大化流行的整体，即肯定其为实有，不曾怀疑过它的客观实在性和存在的合理性问题。体现这一思想的最重要典籍就是《周易》。所以，《周易》成为儒、道两家所共同重视的经典，决不是偶然的。周敦颐的贡献就在于，试图为发源于先秦的儒家学说建立起一个新的、足以与当时外来思想文化——佛教相抗衡的宇宙论的理论框架结构。他从《周易》阴阳哲学立论，汲取道教关于太极元气为世界万物生成演化的本源和动力的观点，肯定宇宙的本源为实有，从而批判了佛教的宇宙论，为重新确立中国传统文化的价值观奠定了基础。

(二)《诚上第一》《诚下第二》

诚者,圣人之本。"大哉乾元,万物资始",诚之源也。"乾道变化,各正性命",诚斯立焉。纯粹至善者也。故曰:"一阴一阳之谓道,继之者善也,成之者性也。""元、亨",诚之通;"利、贞",诚之复。大哉《易》也,性命之源乎!

圣,诚而已矣。诚,五常之本,百行之源也。静无而动有,至正而明达也。五常百行,非诚,非也,邪暗塞也。故诚则无事矣。至易而行难。果而确,无难焉。故曰:"一日克己复礼,天下归仁焉。"

这是《通书》开头论"诚"的二章,为《太极图说》所没有,而恰恰又是《通书》最核心的一部分内容。《通书》之所以比《太极图说》更为重要,原因也在于此。黄宗羲曾指出:"周子之学,以'诚'为本。从寂然不动处握诚之本,故曰主静立极。本立而道生,千变万化,皆从此出。化吉凶悔吝之途,而反覆其不善之动,是主静真得力处。静妙于动,动即是静。无动无静,神也,一之至也,天之道也。千载不传之秘,固在是矣。"[①]此论确有见地(尚需参照《通书》的《诚几德》《圣》诸章一起研读)。

从以上二章的内容看,基本是以《周易》与《中庸》互训的方法,论证"诚"这一传统的儒家范畴具有天道的本质属

---

① 《宋元学案·濂溪学案下》。

性,而试图重新沟通天道与性命的关系,进而为儒家的道德本体论建立一个天道自然的哲学基础。

"诚"这个范畴,一般是指"真实无妄"。儒家所谓的"诚",是从人的道德实践中抽象概括出来的,指的是道德实践的高度自觉的品质或心理状态。在先秦儒家思想的发展过程中,"诚"的概念经过了一个逐步完善的过程。孔子并未直接言"诚",而是通过言"仁"来透显"诚"之意蕴。孟子开始言"诚",《离娄上》谓:"诚者,天之道也;思诚,人之道也。至诚而不动者,未之有也。不诚,未有能动者也。"《尽性上》谓:"万物皆备于我,反身而诚,乐莫大焉。"但"诚"在孟子那里还处在一相对次要的地位,不如其"性善论"那样凸显。荀子亦言"诚",但多从用的层面即工夫上讲,如《不苟》篇中曰:"诚心守仁则形,形则神,神则能化矣。诚心行义则理,理则明,明则能变矣。"又曰:"天地为大矣,不诚则不能化育万物;圣人为知矣,不诚不能化万民;父子为亲矣,不诚则疏;君子为上尊矣,不诚则卑。夫诚者,君子之所守,而政事之本也。"《大学》亦言"诚",但也只是作为其"八条目"之一而提出的。真正把"诚"作为核心概念来论证的当推《中庸》。《中庸》从二十章到二十六章集中论"诚",其重要者如"诚者,天之道也;诚之者,人之道也";"诚者,物之终始,不诚无物";"唯天下至诚为能经纶天下之大经,立天下之大本,知天地之化育";"自诚明,谓之性;自明诚,谓之教。诚则明矣,明则诚矣。唯天下至诚为能尽其性;能尽其性,则能尽人之性;能尽人之性,则能尽物之性;能尽物之性,则可以赞天地之化

育；可以赞天地之化育，则可以与天地参矣"；"诚则形，形则
著，著则明，明则动，动则变，变则化。唯天下至诚为能化"等
等。《中庸》之"诚"，成为一个统贯天人的概念，它既是宇宙
的本体，也是人性的本体，体现了先秦儒家"天人合一"的思
维模式。

但是，"诚"毕竟是一个伦理的范畴，它主要用于表述人
性的本质。《中庸》论"诚"虽已颇详，但却没有具体回答何以
它会具有天道的性质，天道又何以会具有伦理的属性。这可
以说是先秦儒家在建立其道德本体论时所面临的重大理论难
题。两汉以降，儒学尽管被定于一尊，但更多的是以经学的形
态出现的。汉儒经学多从荀子的一路而来，[①]而与思孟一路
关系不大。两汉的经学家们虽然能恪守先秦儒学关于垂教之
本原在于人之心性，而心性之本原在于宇宙的古训，但就理论
层面言，他们非但没有发展，反较以往的人性理论只有倒退，
如董仲舒的"性三品"说、扬雄的"性善恶混"论即是。而统
治者对于教化之事，更重视其功效和实用，却向来不重视理论
的探讨，也不需要高深的理论，只要一般地论及到人性的状态
层面和操作层面就完全够了。所以，他们是不会对人性本体
层面产生什么兴趣的。再则，儒家学说一向缺乏宗教所具有
的信仰力量，因此也就没有动力将心性理论推向深入。

这个问题在两汉以前并不怎么突出，所以也没有引起儒

---

① 按一般的说法，荀子是战国时期儒家经典传授过程中一个十分关键的人物
（可参看清儒汪中《荀卿子通论》、近人刘师培《经学教科书》等有关论述），
汉儒经学系统与之有很大关系。

家学者的重视。但是,自魏晋以降,当儒学遭到佛教学说挑战后,它就变得越来越重要了。佛教讲生、死、心、身,其理论体系无不从宇宙论、世界观和认识论来论证自己的学说,亦即从讨论现实世界的真幻、动静、有无,人们认识的可能、必要、真妄等出发来构建自己的心性理论。这就迫使儒家学者必须对最高存在问题加以探讨,以回应佛教的挑战。

问题的重要性还不仅在于针对外来的佛教,它同时也是针对本土的道家和道教思想的。因为,儒、道两家虽然共同尊奉《周易》,共同认定太极元气为宇宙之本体,但在价值取向上,两家却有着本质的区别。道家和道教取向于天道自然的自然主义,所谓"天地不仁,以万物为刍狗",从不以为天道具有伦理的属性。道家和道教虽然没有如佛教那样斥现实世界为"虚妄"的说法,但其价值判断最终是落在自我超越的自由性上的,因此,也就从不认为现实世界中可以有什么作为。换言之,道家和道教的哲学是以现实世界中并无可求实现什么的价值判断来否定世界,现实世界尽管不像佛教说的是一个"虚妄"的、应该舍离的对象,却也只能成为一个观赏的对象。其之所以重视《周易》的"太极元气",是出于其以自然为性命的理论,以为从"太极元气"中可以相对容易地发展出一套炼精化气、炼气化神的养生之道。但儒家的文化价值理想是属于人文主义的,儒家更注重的是仁义礼乐和名教规范,由此再转向人的道德性命的修养即心性论上面。儒家讲"太极"本体,是要把它最终落实到"立人极"上去;而其肯定世界的实在性,最终也无非是为了肯定现实的社会生活秩序。正是在这一层面上，儒家与道家和道教分道扬镳了。也正是在这一层面上，历来争论不休的周敦颐究竟是儒者还是道徒，就可以一目了然了。

最后让我们再回到前面所引的《通书》论"诚"，看看周敦颐是如何论证天道与人性的本质联系，以及人之善性为何是源于天道的。

他首先把"乾元"规定为"诚"之"源"，而"乾元"就是《易》之"太极"，"太极"既为宇宙之本体，那么"源"之于"太极"的"诚"也就具有了宇宙本体的意义。当然，这中间需有一个转化，因为"太极"是就天地自然说的，它须转化为性，于是有"乾道变化，各正性命，斯诚立焉"。《周易》以"一阴一阳之谓道"为"性命之理"，这个性命之理是统天、地、人而言的。天、地莫不有阴阳，莫不受此性命之理支配，人作为天地万物中一个组成部分，当然也不例外。"诚"在自然之道而言，就是至实无妄，自然无为，即"纯粹至善"。但人不能如自然那样直接体现出这个"纯粹至善"的"诚"，而须修养工夫以"复"之。所以，关键就在于"继"和"成"。所谓"继之者善也，成之者性也"，前者就本源意义言，强调人若不继承天道，就没有本源的善；后者就人之主体性原则言，强调人若不主动实现此本源意义的善，也就不能成就其性即人之为人的本质。"乾"之四德"元、亨、利、贞"，前二者为"诚之通"，即继善；后二者为"诚之复"，即成性。乾之四德因此而具有了伦理的属性，表现了人性本质生成的全过程。不过，真正能把人性实现得完整无缺的典范，只有"圣人"，因为"圣人"

以"诚"为本,达到了天人合一的境界,即所谓"诚者,圣人之本";"圣,诚而已矣"。而"圣人之道,仁义中正而已矣"(《通书·道第六》),圣人即以"诚"为本,所以"诚"又是伦理范畴的"五常""百行"之本、之源。"诚"与"太极"相通,因此也具有"静无而动有,至正而明达"的本体意义,"静无"与"无极"通,其表现为"至正";"动有"与"太极"通,其表现是"明达"。"五常""百行",人类社会中的一切道德规范和道德行为,如不以"诚"为本,那是为"邪暗"所塞,"邪"即不正,"暗"即不明,所以"非诚,非也",即完全是错误的。

周敦颐通过他的一番论证,把宇宙本体落实到了心性论的层面,人与宇宙被贯通起来,从而儒家核心思想与天道的一致性得到了确定。这一理论不仅表明了儒家的心性论与佛教心性论之本质不同,也与道家和道教的思想区别了开来,因此可以说是在新的历史条件和思想背景下,发展了先秦儒家的"天人合一"思想。尽管周敦颐的论证还存在不足之处,如他还摆脱不了道家的"有无"之论和《周易》的生成演化论,这一不足,到张载、二程那里得到逐步的扬弃。但是,可以说,周敦颐初步建立了理学的理论框架,以后的理学家正是在他建立的理论框架基础上,进一步深化和拓展,建立起一个新型的世界观,并恢复了儒家文化价值理想在中国思想界的主流地位。

总之,《通书》是宋明理学中一部十分重要的经典之作,以上仅仅从哲学本体论方面稍作了一些阐释。实际上,《通书》关于心性论、工夫论、理想人格、礼乐刑政、师道、文艺等等，都有十分独到的论述，对后来的理学发展也具有重大影响。可以这么说，诚如任何一个想了解宋明理学的人都无法绕过周敦颐一样，任何一个想要了解周敦颐的人，都不能不认真地读一读《通书》。

周子通书

〔宋〕周敦颐　撰

百家谨案：《通书》，周子传道之书也。朱子释之详矣；月川曹端氏继之为《述解》，则朱子之义疏也。先遗献嫌其于微辞奥旨尚有未尽，曾取蕺山子刘子说笺注一过，谨条载本文下，间窃附以鄙见。《性理》首《太极图说》，兹首《通书》者，以《太极图说》后儒有尊之者，亦有议之者，不若《通书》之纯粹无疵也。说详后。

诚者，圣人之本。"大哉乾元，万物资始"，诚之源也。"乾道变化，各正性命"，诚斯立焉。纯粹至善者也。故曰："一阴一阳之谓道，继之者善也，成之者性也。"元亨，诚之通；利贞，诚之复。大哉《易》也，性命之源乎！《诚上第一》。

刘蕺山曰："乾元亨利贞"，乾，天道也。诚者，天之道也，四德之本也。诚之者，人之道也。主静，所以立命也。知几其神，所以事天也。圣同天，信乎！○濂溪为后世儒者鼻祖，《通书》一编，将《中庸》道理又翻新谱，直是勺水不漏。第一篇言诚,言圣人分上事。句句言天之道也,却句句指圣人身上家当。继善成性,即是元亨利贞,本非天人之别。

　　百家谨案:继善即元亨,成性即利贞,故《易》曰:"乾道变化,各正性命,保合太和,乃利贞。"

　　人分上有元亨利贞,后人只将仁义礼智配合,犹属牵强。惟《中庸》胪出"喜怒哀乐"四字,方有分晓。○或问:元亨诚之通,利贞诚之复,天道亦不能不乘时位为动静,何独人心不然?曰:在天地为元亨利贞,在人为喜怒哀乐,其为一通一复同也。《记》曰:"哀乐相生,循环无穷,正明目而视之不可得而见,倾耳而听之不可得而闻。"人能知哀乐相生之故者,可以语道矣。

　　百家谨案:提出喜怒哀乐以接元亨利贞,此子刘子宗旨。

圣,诚而已矣。诚,五常之本,百行之原也。静无而动有,至正而明达也。五常、百行,非诚,非也,邪暗塞也。故诚则无事矣。至易而行难。果而确,无难焉。故曰:"一日克己复礼,天下归仁焉。"《诚下第二》。

　　圣,诚而已矣。诚则无事,更不须说第二义。统说第二义,只是明此诚而已,故下章又说个"几"字。

　　百家谨案:薛文清曰:"《通书》一'诚'字括尽。"

诚无为,几善恶。德,爱曰仁,宜曰义,理曰礼,通曰智,守曰信。性焉安焉之谓圣,复焉执焉之谓贤,发微不可见、充周不可穷之谓神。《诚几德第三》。

"几善恶"即继之。曰"德,爱曰仁,宜曰义,理曰礼,通曰智,守曰信",此所谓德几也,"道心惟微"也。几本善而善中有恶,言仁义非出于中正,即是几之恶,不谓忍与仁对,乖与义分也。先儒解"几善恶"多误。○诚无为,如恶恶臭,如好好色,直是出乎天而不系乎人。此中原不动些子,何为之有!○几者动之微,不是前此有个静地,后此又有动之者在,而几则界乎动静之间者。审如此三截看,则一心之中,随处是绝流断港,安得打合一贯?故诚、神、几非三事,总是指点语。

百家谨案:几字,即《易》"知几其神"、颜氏"庶几"、孟子"几希"之几。"有不善未尝不知",所谓知善知恶之良知也。故念庵罗氏曰:"'几善恶'者,言惟几故能辨善恶,犹云非几即恶焉。身必常戒惧,常能寂然,而后不逐于动,是乃所谓研几也。"

寂然不动者,诚也。感而遂通者,神也。动而未形,有无之间者,几也。诚精故明,神应故妙,几微故幽。诚、神、几,曰圣人。《圣第四》。

"有无之间",谓不可以有言,不可以无言,故直谓之"微"。《中庸》以一"微"字结一部宗旨,究竟说到"无声无臭"处,然说不得全是无也。

百家谨案:后儒之言无者,多引《中庸》"无声无臭"为言,不知《中庸》所云,仅言声之无也,臭之无也,非竟云无也。若论此心,可以格鬼神,贯金石,岂无也哉!儒、释之辨,在于此。

诚、神、几,曰圣人。常人之心,首病不诚,不诚故不几而著，不几故不神，物焉而已。

百家谨案：《明儒学案·蒋道林传》："周子之所谓动者，从无为中指其不泯灭者而言。此生生不已，天地之心也。诚、神、几，名异而实同。以其无为，谓之诚；以其无而实有，谓之几；以其不落于有无，谓之神。"道林以念起处为几，念起则形而为有矣。

动而正曰道，用而和曰德。匪仁、匪义、匪礼、匪智、匪信，悉邪也。邪动，辱也；甚焉，害也。故君子慎动。《慎动第五》。

慎动即主静也。主静，则动而无动，斯为动而正矣。离几一步，便是邪。

圣人之道，仁义中正而已矣。守之贵，行之利，廓之配天地。岂不易简，岂为难知，不守不行不廓耳。《道第六》。

百家谨案：敬轩薛氏曰："周子《通书》，《诚上》《诚下》《几德》《圣》《慎动》《道》六章，只是一个性字，分作许多名目。"夏峰孙氏曰："守之、行之、廓之，正见知几慎动。"

或问曰："曷为天下善？"曰："师。"曰："何谓也？"曰："性者，刚柔善恶中而已矣。"不达。曰："刚善为义，为直，为断，为严毅，为干固；恶为猛，为隘，为强梁。柔善为慈，为顺，为巽；恶为懦弱，为无断，为邪佞。惟中也者，和也，中节也，天下之达道也，圣人之事也。故圣人立教，俾人自易其恶，自至其中而止矣。故先觉觉后觉，暗者求于明，而师道立矣；师道立，则善人多；善人多，则朝廷正而天下治矣。"《师第七》。

濂溪以中言性，而本之刚柔善恶。刚柔二字，即喜怒哀乐之别名。刚而善，则怒中有喜；恶则只是偏于刚，一味肃杀之气矣。柔而善，则喜中有怒；恶则只是偏于柔，一味优柔之气矣。中便是善。言于刚柔之间认个中，非是于善恶之间认个中，又非是于刚柔善恶之外别认个中也。此中字分明是喜怒哀乐未发之谓中，故即承之曰："中也者，和也，中节也，天下之达道也，圣人之事也。"《图说》言"仁义中正"，仁义即刚柔之别名，中正即中和之别解。

百家谨案：先遗献《孟子师说》曰："《通书》云：'性者，刚柔善恶中而已矣。'刚、柔皆善，有过不及则流而为恶。是则人心无所为恶，止有过不及而已。此过不及亦从性来，故程子言'恶亦不可不谓之性'也。仍不碍性之为善。"

人之生，不幸不闻过；大不幸无耻。必有耻，则可教；闻过，则可贤。《幸第八》。

百家谨案：孟子云"耻之于人大矣"，兹云"大不幸无耻"。无耻之人，是非颠倒，即闻过，不以为过，并有以己过自得意为荣者矣，此又讳过、文过之变相也。今比比渐成风俗矣。噫！

《洪范》曰："思曰睿，睿作圣。"无思，本也；思通，用也。几动于此，诚动于彼，无思而无不通，为圣人。不思，则不能通微；不睿，则不能无不通。是则无不通生于通微，通微生于思。故思者，圣功之本，而吉凶之几也。《易》曰："君子见几而作，不俟终日。"又曰："知几，其神乎！"《思第九》。

　　案：《通书》此章最难解。周子反覆言诚、神、几不已，至此指出个把柄，言思，是画龙点睛也。思之功全向几处用。几者，动之微，吉凶（编者注：凶字原缺）之先见者也。知几故通微，通微故无不通，无不通故可以尽神，可以体诚，故曰："思者，圣功之本，而吉凶之几也。"吉凶之几，言善恶由此而出，非几中本有善恶也。几动诚动，言几中之善恶方动于彼，而为善去恶之实功已先动于思，所以谓之"见几而作，不俟终日"，所以谓之"知几其神"。几非几也，言发动所由也。〇圣，诚而已。诚之动处是思，思之觉处是几，寂然不动，感而遂通处即是神。诚、神、几，曰圣人。故曰："思曰睿，睿作圣。"然则学圣人者如之何？曰：思无邪。

圣希天，贤希圣，士希贤。伊尹、颜渊，大贤也。伊尹耻其君不为尧、舜；一夫不得其所，若挞于市。颜渊不迁怒，不贰过，三月不违仁。志伊尹之所志，学颜子之所学，过则圣，及则贤，不及则亦不失于令名。《志学第十》。

　　百家谨案：此元公自道其所志学也。伊尹之志，虽在行道，然自负为天民之先觉，志从学来。颜子之学，固欲明道，然究心四代之礼乐,学以志裕。元公生平之癖寐惟此。

天以阳生万物,以阴成万物。生,仁也;成,义也。故圣人在上,以仁育万物,以义正万民。天道行而万物顺,圣德修而万民化。大顺大化,不见其迹,莫知其然,之谓神。故天下之众,本在一人。道岂远乎哉! 术岂多乎哉!《顺化第十一》。

　　百家谨案:此圣人奉若天道以治万民也。道不远,术不多,胡为后世纷纷立法乎!

十室之邑,人人提耳而教,且不及,况天下之广,兆民之众哉? 曰:纯其心而已矣。仁义礼智四者,动静言貌视听无违,之谓纯。心纯,则贤才辅;贤才辅,则天下治。纯心要矣! 用贤急焉!《治第十二》。

　　百家谨案:治道之要,在乎君心。纯其心,斯成大顺大化。法天为治也。

礼,理也;乐,和也。阴阳理而后和。君君臣臣,父父子子,兄兄弟弟,夫夫妇妇,万物各得其理然后和。故礼先而乐后。云濠案:底本此下有“是天地之撰”五字,遍阅《性理》诸书,并无之,疑误衍。〇《礼乐第十三》。

　　百家谨案:程子谓敬则自然和乐,可以知礼乐之先后矣。

实胜,善也;名胜,耻也。故君子进德修业,孳孳不息,务实胜也。德业有未著,则恐恐然畏人知,远耻也。小人则伪而已矣。故君子日休,小人日忧。《务实第十四》。

有善不及,曰:"不及,则学焉。"问曰:"有不善?"曰:"不善,则告之以不善,且劝曰:'庶几有改乎!'斯为君子。有善一,不善二,则学其一而劝其二。有语曰:'斯人有是之不善,非大恶也?'则曰:'孰无过,焉知其不能改。改则为君子矣。不改为恶,恶者天恶之,彼岂无畏邪?乌知其不能改。'故君子悉有众善,无弗爱且敬焉。"《爱敬第十五》。

　　勉其善,改其不善,正是反身对证药。绵里藏针,却从软处煞紧。不然,虽懊悔一场,亦无益。吾辈须寻个真自讼手段。

动而无静,静而无动,物也。动而无动,静而无静,神也。动而无动,静而无静,非不动不静也。物则不通,神妙万物。水阴根阳,火阳根阴;五行阴阳,阴阳太极。四时运行,万物终始;混兮辟兮,其无穷兮!《动静第十六》。

　　时位不能无动静,故有动有静。性本不与时位为推迁,故无动无静。

古者圣王制礼法,修教化,三纲正,九畴叙,百姓大和,万物咸若,乃作乐,以宣八风之气,以平天下之情。故乐声淡而不伤,和而不淫,入其耳,感其心,莫不淡且和焉。淡则欲心平，和则躁心释。优柔平中，德之盛也；天下化中，治之至也。是谓道配天地，古之极也。后世礼法不修，政刑苛紊，纵欲败度，下民困苦。谓古乐不足听也，代变新声，妖淫愁怨，导欲增悲，不能自止，故有贼君弃父，轻生败伦，不可禁者矣。呜呼！乐者，古以平心，今以助欲；古以宣化，今以长怨。不复古礼，不变今乐，而欲至治者，远矣！《乐上第十七》。

乐者，本乎政也。政善民安，则天下之心和，故圣人作乐以宣畅其和心，达于天地，天地之气感而大和焉。天地和则万物顺，故神祇格，鸟兽驯。《乐中第十八》。

乐声淡则听心平，乐辞善则歌者慕，故风移而俗易矣。妖声艳辞之化也，亦然。《乐下第十九》。

"圣可学乎？"曰："可。"曰："有要乎？"曰："有。"请问焉，曰："一为要。一者，无欲也。无欲则静虚动直。静虚则明，明则通；动直则公，公则溥。明通公溥，庶矣乎！"《圣学第二十》。

百家谨案：《伊川至论》本"明则通"下作："动直则行，行则传。明通行传，庶乎！"

欲，原是人本无的物。无欲是圣，无欲便是学。其有焉，奈之何？曰：学焉而已矣。其学焉何如？曰：本无而忽有，去其有而已矣。孰为有处？有水即为冰。孰为无处？无冰即为水。欲与天理，虚直处只是一个，从凝处看是欲，从化处看是理。

公于己者公于人。未有不公于己，而能公于人也。明不至则疑生，明无疑也。谓能疑为明，何啻千里！《公明第二十一》。

> 小害大，贱害贵，于己尽不公处。疑是私意，必也择善乎。
> 学贵知疑，是从悟处得来。

厥彰厥微，匪灵弗莹。刚善刚恶，柔亦如之，中焉止矣。
二气五行，化生万物。五殊二实，二本则一。是万为一，一实
万分。万一各正，小大有定。《理性命第二十二》。

颜子一箪食，一瓢饮，在陋巷，人不堪其忧，而不改其乐。
夫富贵，人所爱也，颜子不爱不求而乐乎贫者，独何心哉？天
地间有至贵至富、可爱可求而异乎彼者，见其大而忘其小焉
尔。见其大则心泰，心泰则无不足，无不足则富贵贫贱，处之
一也；处之一则能化而齐，故颜子亚圣。《颜子第二十三》。

> 古人见道亲切，将盈天地间一切都化了，更说甚贫，故曰
> "所过者化"。颜子却正好做工夫，岂以彼易此哉！此当境克
> 己实落处。
> 百家谨案：化而齐者，化富贵贫贱如一也。处之一以境
> 言，化以心言。

天地间至尊者道，至贵者德而已矣。至难得者人；人而
至难得者，道德有于身而已矣。求人至难得者有于身，非师
友，则不可得也已。《师友上第二十四》。

道义者，身有之则贵且尊。人生而蒙，长无师友则愚，是

道义由师友有之，而得贵且尊。其义不亦重乎！其聚不亦乐乎！《师友下第二十五》。

仲由喜闻过，令名无穷焉。今人有过，不喜人规，如护疾而忌医，宁灭其身而无悟也。噫！《过第二十六》。

天下，势而已矣。势，轻重也。极重不可反，识其重而亟反之可也。反之，力也；识不早，力不易也。力而不竞，天也；不识不力，人也。天乎？人也。何尤！《势第二十七》。

　　　　造化在手，宇宙在握。

文，所以载道也。轮辕饰而人弗庸，徒饰也，况虚车乎！文辞，艺也；道德，实也。笃其实，而艺者书之，美则爱，爱则传焉，贤者得以学而至之，是为教。故曰："言之无文，行之不远。"然不贤者，虽父兄临之，师保勉之，不学也；强之，不从也。不知务道德而第以文辞为能者，艺焉而已。噫，弊也久矣！《文辞第二十八》。

不愤不启，不悱不发。举一隅不以三隅反，则不复也。子曰："予欲无言。天何言哉！四时行焉，百物生焉。"然则圣人之蕴，微颜子殆不可见。发圣人之蕴，教万世无穷者，颜子也。圣同天，不亦深乎！常人有一闻知，恐人不速知其有也，急人知而名也，薄亦甚矣！《圣蕴第二十九》。

　　　　看来曾子之唯，不如颜子之愚。孔、颜天道，曾子人道。今且说颜子教万世在何处。

百家谨案：《通书》屡津津于颜子，盖慕颜子默休圣蕴，无些少表暴。元公之学近之。南轩张氏曰："濂溪之学，举世不知。为南安狱掾日，惟程太中始知之。"可见无分毫秒夸。此方是朴实头下工夫人。嗟乎！学问一道，有诸内而秒夸者，然且不可。子刘子曰："颜子死，分付后人曰法天尔。人即是天。尔法尔天，不必更寻题目了。后来周子理会得。"

圣人之精，画卦以示；圣人之蕴，因卦以发。卦不画，圣人之精不可得而见；微卦，圣人之蕴殆不可悉得而闻。《易》何止《五经》之源，其天地鬼神之奥乎！《精蕴第三十》。

君子乾乾不息于诚，然必惩忿窒欲、迁善改过而后至。乾之用其善是，损益之大莫是过。圣人之旨深哉！吉凶悔吝生乎动。噫，吉一而已，动可不慎乎？《乾损益动第三十一》。

圣学之要，只在慎独。独者，静之神，动之几也。动而无妄曰静，慎之至也。是之谓主静立极。〇乾乾不息，其静有常。投间抵隙，多在动处。动返于吉，其静不漓。生而不匮，其出无方，其为不止，圣人原不曾动些子。学圣者宜如何？曰：慎动。

治天下有本，身之谓也。治天下有则，家之谓也。本必端；端本，诚心而已矣。则必善；善则，和亲而已矣。家难而天下易，家亲而天下疏也。家人离，必起于妇人，故《睽》次《家人》，以"二女同居，其志不同行"也。尧所以厘降二女于妫汭，舜可禅乎？吾兹试矣。是治天下观于家，治家观于身而已矣。身端，心诚之谓也。诚心，复其不（编者注：不原作本）善之动而已矣。不善之动，妄也；妄复则无妄矣，无妄则诚矣，故《无妄》次《复》，而曰“先王以茂对时育万物”。深哉！《家人睽复无妄第三十二》。

最勘得亲切。此为慎动。

百家谨案：《家人》《睽》二卦，往来于巽离兑三女，足徵家之离合废兴。《家人》长、中二女，长巽顺居上，中离明在下，水火相得，家之和也。《睽》中女离火猛烈，少女兑泽邪媚，火泽不相容，炎上润下相违，家之睽乖也。复，德之本也。惟复则无妄，刚自外来而为主于内。妄字从亡，从女；女，古汝字也。言人之不诚者，是丧失其本心，亡乎汝矣。今无妄，是得复还乎天之所命，故《彖传》言天之命。又卦震下乾上，程子所谓“动以天，安有妄”乎！

君子以道充为贵，身安为富，故常泰，无不足，而铢视轩冕，尘视金玉。其重无加焉尔。《富贵第三十三》。

顾諟谨案：言寡尤，行寡悔，禄在其中矣，故曰“身安为富”。仁义忠信，乐善不倦，此天爵也，故曰“道充为贵”。

圣人之道，入乎耳，存乎心，蕴之为德行，行之为事业。彼以文辞而已者，陋矣！《陋第三十四》。

至诚则动，动则变，变则化。故曰："拟之而后言，议之而后动，拟议以成其变化。"《拟议第三十五》。

百家谨案：吾儒之学，以言动为枢机，惟恐有失。必兢兢业业，拟之而后言，议之而后动。拟议之熟，极乎精义入神，而后可从心所欲，以造于至诚之天，以成变化。故此章以《拟议》名篇。非如释氏一任无心，要用直须用，拟心即差者比也。

天以春生万物，止之以秋。物之生也，即成矣，不止则过焉，故得秋以成。圣人之法天，以政养万民，肃之以刑。民之盛也，欲动情胜，利害相攻，不止则贼灭无伦焉，故得刑以治。情伪微暧，其变千状，苟非中正明达果断者，不能治也。《讼卦》曰"利见大人"，以刚得中也。《噬嗑》曰"利用狱"，以动而明也。呜呼，天下之广，主刑者，民之司命也，任用可不慎乎？《刑第三十六》。

圣人之道，至公而已矣。或曰："何谓也？"曰："天地，至公而已矣。"《公第三十七》。

《春秋》，正王道，明大法也，孔子为后世王者而修也。乱臣贼子，诛死者于前，所以惧生者于后也。宜乎万世无穷，王祀夫子，报德报功之无尽焉。《孔子上第三十八》。

道德高厚，教化无穷，实与天地参而四时同，其惟孔子乎！《孔子下第三十九》。

童蒙求我，我正果行，如筮焉。筮，叩神也，再三则渎矣，渎则不告也。山下出泉，静而清也；汩则乱，乱不决也。慎哉,其惟时中乎! 艮其背,背非见也;静则止,止非为也。为,不止矣。其道也深乎!《蒙艮第四十》。

　　百家谨案:《蒙》《艮》二卦,义似不相连,《通书》以卒章者,思四十章中屡言师道,盖元公以师道自任,《蒙》以养正为圣功,而《艮》有始终成物之义,殆隐然欲以先觉觉后觉乎!○又案:朱文公曰:"周子《通书》本号《易通》,与《太极图说》并出,程氏以传于世,而其为说实相表里。大抵推一理、二气、五行之分合,以纲纪道体之精微;决道义、文辞、利禄之取舍,以振起俗学之卑陋。至论所以入德之方,经世之具,又皆亲切简要,不为空言。顾其宏纲大用,既非秦、汉以来诸儒所及;而其条理之密,意味之深,又非今世学者所能骤窥也。"东发黄文洁公曰:"周子《通书·诚上》章主天而言,故曰'诚者,圣人之本',言天之诚即人之所得以为圣者也。《诚下》章主人而言,故曰'圣,诚而已矣',言人之圣即所得于天之诚也。《诚几德》章言诚之得于天者皆自然,而几有善恶,要当察其几之动以全其诚,为我之德也。《圣》章言由诚而达于几,为圣人,其妙用尤在于感而遂通之神。盖诚者不动,几者动之初,神以感而遂通,则几之动也纯于善,此其为圣也。诚一而已,人之不能皆圣者,系于几之动,故《慎动》次之。动而得正为道,故《道》次之。得正为道,不沦于性质之偏者能之,而王者之师也,故《师》次之。人必有耻则可教,而以闻过为幸,故《幸》次之。闻于人必思于己,故《思》次之。师以问之矣,思以思之矣,在力行而已,故《志学》次之。凡此十章,上穷性命之源,必以体天为学问之本。所以修己之功既广大而详密矣,推以治人则《顺化》,为上与天同功也。《治》为次,纯心用贤也。《礼乐》又其次,治定而后礼乐可兴也。继此为《务实》章、《爱敬》章,又所以斟酌人品而休休然与之为善。盖圣贤继天立极之道备矣。余章皆反覆此意,以丁戒人心,使自知道德性命之贵,而无陷辞章利禄之习。开示圣蕴,终以主静,庶几复其不善之动以归于诚,而人皆可圣贤焉。呜呼,周子之为人心计也,至矣!"敬轩薛氏曰:"《通书》,《诚上》《诚下》《诚几德》《圣》《慎动》《道》六章,只是一个性字,分作许多名目。"又曰:"周子论几字,如《复》之初九,善几也;《姤》(编者注:姤原作垢)之初六,恶几也。善几不可不充,恶几不可不绝。朱子所谓近则公私邪正,远则废兴存亡,只于此处看破,便斡转了。此实治己治人之至要也。"

附　录

太极图

[宋] 周敦颐

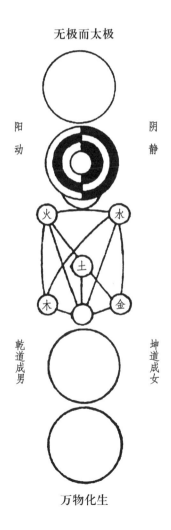

太极图说

[宋] 周敦颐

　　无极而太极。太极动而生阳，动极而静；静而生阴，静极复动。一动一静，互为其根。分阴分阳，两仪立焉。阳变阴合，而生水火木金土。五气顺布，四时行焉。五行，一阴阳也；阴阳，一太极也；太极，本无极也。五行之生也，各一其性。无极之真，二五之精，妙合而凝。"乾道成男，坤道成女"，二气交感，化生万物。万物生生，而变化无穷焉。惟人也得其秀而最灵。形既生矣，神发知矣，五性感动而善恶分，万事出矣。圣人定之以中正仁义，而主静，_{自注云：无欲故静。}立人极焉。故圣人与天地合其德，日月合其明，四时合其序，鬼神合其吉凶。君子修之吉，小人悖之凶。故曰："立天之道，曰阴与阳。立地之道，曰柔与刚。立人之道，曰仁与义。"又曰："原始反终，故知死生之说。"大哉《易》也，斯其至矣！

　　刘蕺山曰："一阴一阳之谓道"，即太极也。天地之间，一气而已，非有理而后有气，乃气立而理因之寓也。就形下之中而指其形而上者，不得不推高一层以立至尊之位，故谓之太极；而实无太极之可言，所谓"无极而太极"也。使实有是太极之理为此气从出之母，则亦一物而已，又何以生生不息，妙万物而无穷乎？今曰理本无形，故谓之无极，无乃转落注脚。太极之妙，生生不息而已矣。生阳生阴，而生水火木金土，而生万物，皆一气自然之变化，而合之只是一个生意，此造化之蕴也。惟人得之以为人，则太极为灵秀之钟，而一阳一阴分见于形神之际，由是赜之为五性，而感应之涂出，善恶之介分，人事之所以万有不齐也。惟圣人深悟无极之理而得其所谓静者主之，乃在中正仁义之间，循理为静是也。天地此太极，圣人此太极，彼此不相假而若合符节，故曰合德。若必捐天地之所有而畀之于物，又独钟畀之于人，则天地岂若是之劳也哉！自无极说到万物上，天地之始终也。自万事反到无极上，圣人之终而始也。始终之说，即生死之说，而开辟混沌、七尺之去留不与焉。知乎此者，可与语道矣。主静要矣，致知亟焉。〇或曰：周子既以太极之动静生阴阳，而至于圣人立极处，偏著一静字，何也？曰：阴阳动静，无处无之。如理气分看，则理属静，气属动，不待言矣。故曰，循理为静，非动静对待之静。

宗羲案：朱子以为，阳之动为用之所以行也，阴之静为体之所以立也。夫太极既为之体，则阴阳皆其用。如天之春夏，阳也；秋冬，阴也；人之呼，阳也；吸，阴也。宁可以春夏与呼为用，秋冬与吸为体哉！缘朱子以下文主静立人极，故不得不以体归之静。先师云："循理为静，非动静对待之静。"一语点破，旷若发矇矣。

朱子论太极图

［宋］朱　熹

《太极图》"无极而太极"。上一圈即是太极，但挑出在上。泳。

太极一圈，便是一画，只是撒开了，引教长一画。泳。

《太极图》只是一个实理，一以贯之。端蒙。

太极分开只是两个阴阳，括尽了天下物事。

"《易》有太极，是生两仪。"四象八卦，皆有形状。至于太极，有何形状？故周子曰："无极而太极。"盖云无此形状，而有此道理耳。僩。

"无极而太极"，只是一句。如"冲漠无朕"，毕竟是上面无形象，然却实有此理。图上自分晓。到说无极处，便不言太极，只言"无极之真"。真便是太极。僩。

"无极而太极。"盖恐人将太极做一个有形象底物看，故又说"无极"，言只是此理也。端蒙。

"无极而太极"，只是说无形而有理。所谓太极者，只二气五行之理，非别有物为太极也。又云：以理言之，则不可谓之有；以物言之，则不可谓之无。偭。

"'无极而太极',只是无形而有理。周子恐人于太极之外更寻太极,故以无极言之。既谓之无极,则不可以有底道理强搜寻也。"问:"人极始于阳动乎?"曰:"阴静是太极之本,然阴静又自阳动而生。一静一动,便是一个辟阖。自其辟阖之大者推而上之,更无穷极,不可以本始言。"

问:"'无极而太极',固是一物,有积渐否?"曰:"无积渐。"曰:"上言无极,下言太极。窃疑上言无极无穷,下言至此方极。"曰:"无极者无形,太极者有理也。周子恐人把作一物看,故云无极。"曰:"太极既无气,气象如何?"曰:"只是理。"可学。

周子所谓"无极而太极",非谓太极之上别有无极也,但言太极非有物耳。如云"上天之载,无声无臭"。故云"无极之真,二五之精",既言无极,则不复别举太极也。若如今说,则此处岂不欠一"太极"字耶? 端蒙。

原"极"之所以得名,盖取枢极之义。圣人谓之"太极"者,所以指夫天地万物之根也;周子因之而又谓之"无极"者,所以大一作"著夫""无声无臭"之妙也。升卿。

问:"《太极解》引'上天之载无声无臭',此'上天之载',即是太极否?"曰:"苍苍者是上天,理在'载'字上。"淳。

问:"'无极而太极',如何?"曰:"子细看,便见得。"问:"先生之意,不正是以无极太极为理?"曰:"此非某之说,他道理自如此,著自家私意不得。太极无形象,只是理。他自有这个道理,自家私著一字不得。"问:"既曰太极,又有个无极,如何?"曰:"'太极本无极',要去就中看得这个意出方得。公只要去讨他不是处,与他斗。而今只管去检点古人不是处,道自家底是,便是识见不长。"刘曰:"要得理明,不得不如此。"曰:"且可去放开胸怀读书。看得道理明彻,自然无歉吝之病,无物我之私,自然快活。"宇。

无极是有理而无形。如性,何尝有形? 太极是五行阴阳之理皆有,不是空底物事。若是空时,如释氏说性相似。又曰:"释氏只见得个皮壳,里面许多道理,他却不见。他皆以君臣父子为幻妄。"节。

"无极而太极",不是太极之外别有无极,无中自有此理;又不可将无极便做太极。"无极而太极",此"而"字轻,无次序故也。"动而生阳,静而生阴",动即太极之动,静即太极之静。动而后生阳,静而后生阴,生此阴阳之气。谓之"动而生","静而生",则有渐次也。"一动一静,互为其根",动而静,静而动,辟阖往来,更无休息。"分阴分阳,两仪立焉",两仪是天地,与画卦两仪意思又别。动静如昼夜,阴阳如东西南北,分从四方去。"一动一静"以时言,"分阴分阳"以位言。方浑沦未判,阴阳之气,混合幽暗。及其既分,中间放得宽阔光朗,而两仪始立。康节以十二万九千六百年为一元,则是十二万九千六百年之前,又是一个大辟阖,更以上亦复如此,直是"动静无端,阴阳无始"。小者大之影,只昼夜便可见。五峰所谓"一气大息,震荡无垠,海宇变动,山勃川湮,人物消尽,旧迹大灭,是谓洪荒之世"。常见高山有螺蚌壳,或生石中,此石即旧日之土,螺蚌即水中之物。下者却变而为高,柔者变而为刚,此事思之至深,有可验者。"阳变阴合而生

水火木金土。"阴阳气也,生此五行之质。天地生物,五行独
先。地即是土,土便包含许多金木之类。天地之间,何事而
非五行? 五行阴阳,七者滚合,便是生物底材料。"五行顺布,
四时行焉。"金木水火分属春夏秋冬,土则寄旺四季。如春属
木,而清明后十二日即是土寄旺之时。每季寄旺十八日,共
七十二日。唯夏季十八日土气为最旺,故能生秋金也。以图
象考之,木生火、金生水之类,各有小画相牵连;而火生土,土
生金,独穿乎土之内,余则从旁而过,为可见矣。"五行一阴阳
也,阴阳一太极也,太极本无极也。"此当思无有阴阳而无太
极底时节。若以为止是阴阳,阴阳却是形而下者;若只专以
理言,则太极又不曾与阴阳相离。正当沉潜玩索,将图象意
思抽开细看,又复合而观之。某解此云:"非有离乎阴阳也;
即阴阳而指其本体,不杂乎阴阳而为言也。"此句自有三节意
思,更宜深考。《通书》云:"静而无动,动而无静,物也;动而
无动,静而无静,神也。"当即此兼看之。谟。○可学录别出。

　　舜弼论太极云:"阴阳便是太极。"曰:"某解云:'非有离
乎阴阳也;即阴阳而指其本体,不杂乎阴阳而言耳。'此句当
看。今于某解说句尚未通,如何论太极!"又问:"'无极而太
极',因'而'字,故生陆氏议论,曰:'而'字自分明,下云'动
而生阳','静而生阴',说一'生'字,便是见其自太极来。今
曰'而',则只是一理。'无极而太极',言无能生有也。"某
问:"自阳动以至于人物之生,是一时俱生? 且如此说,为是
节次如此?"曰:"道先后不可,然亦须有节次。康节推至上
十二万八千云云,不知已前又如何。太极之前,须有世界来,

正如昨日之夜，今日之昼耳。阴阳亦一大阖辟也。但当其初开时须昏暗，渐渐乃明，故有此节次，其实已一齐在其中。"又问："今推太极以前如此，后去又须如此？"曰："固然。程子云：'动静无端，阴阳无始。'此语见得分明。今高山上多有石上蛎壳之类，是低处成高。又蛎须生于泥沙中，今乃在石上，则是柔化为刚。天地变迁，何常之有？"又问："明道云：'阴阳亦形而下者，而曰"道"，只此两句截得上下分明。''截'字莫是'断'字误？"曰："正是'截'字。形而上、形而下，只就形处离合分别，此正是界至处。若止说在上在下，便成两截矣！"可学。

李问："'无极之真'与'未发之中'，同否？"曰："无极之真是包动静而言，未发之中只以静言。无极只是极至，更无去处了。至高至妙，至精至神，更没去处。濂溪恐人道太极有形，故曰'无极而太极'，是无之中有个至极之理。如'皇极'，亦是中天下而立，四方辐凑，更没去处；移过这边也不是，移过那边也不是，只在中央，四畔合凑到这里。"又指屋极曰："那里更没去处了。"问："南轩说'无极而太极'，言'莫之为而为之'，如何？"曰："他说差。道理不可将初见便把做定。伊川解文字甚缜密，也是他年高七十以上岁，见得道理熟。吕与叔言语多不缜密处，是他不满五十岁。若使年高，看道理必煞缜密。"宇。

太极无方所，无形体，无地位可顿放。若以未发时言之，未发却只是静。动静阴阳，皆只是形而下者。然动亦太极之动，静亦太极之静，但动静非太极耳，或录云："动不是太极，但动者太极之用耳；静不是太极，但静者太极之体耳。"故周子只以"无极"言之。无形而有理。未发固不可谓之太极，然中含喜怒哀乐，喜乐属阳，怒哀属阴，四者初未著，而其理已具。若对已发言之，容或可谓之太极，然终是难说。此皆只说得个仿佛形容，当自体认。㽦。

问："'无极而太极'，极是极至无余之谓。无极是无之至，至无之中乃至有存焉，故云'无极而太极'。"曰："本只是个太极，只为这本来都无物事，故说'无极而太极'。如公说无极，恁地说却好，但太极说不去。"曰："'有'字便是'太'字地位。"曰："将'有'字训'太'字不得。太极只是个理。"曰："至无之中乃万物之至有也。"曰："亦得。"问："'动而生阳，静而生阴'注：'太极者本然之妙，动静者所乘之机。'太极只是理，理不可以动静言，惟'动而生阳，静而生阴'，理寓于气，不能无动静所乘之机。乘，如乘载之'乘'，其动静者，乃乘载在气上，不觉动了静，静了又动。"曰："然。"又问："'动静无端，阴阳无始'，那个动，又从上面静生下；上面静，又是上面动来。今姑把这个说起。"曰："然。"又问："'以质而语其生之序'，不是相生否？只是阳变而助阴，故生水；阴合而阳盛，故生火；木金各从其类，故在左右。"曰："'水阴根阳，火阳根阴。'错综而生其端，是'天一生水，地二生火，天三生木，地四生金'；到得运行处，便水生木，木生火，火生土，土生金，金又生水，水又生木，循环相生。又如甲乙丙丁戊己庚辛壬癸，都是这个物事。"因曰："这个太极，是个大底物事。'四方上下曰宇，古往今来曰宙。'无一个物似宇样大；四方去无极，上下去无极，是多少大？无一个物似宙样长远；亘古亘今，往来不穷。自家心下须常认得这意思。"问："此是谁语？"曰："此是古人语。象山常要说此语，但他说便只是这个，又不用里面许多节拍，却只守得个空荡荡底。公更看横渠《西铭》，初看有许多节拍，却似狭；充其量，是甚么样大！合下便有个乾健、坤顺意思。自家身己便如此，形体便是这个物事，性便是这个物事。'同胞'是如此，'吾与'是如此，主脑便是如此。'尊高年，所以长其长；慈孤弱，所以幼其幼'，又是做工夫处。后面节节如此。'于时保之，子之翼也。乐且不忧，纯乎孝者也。'其品节次第又如此。横渠这般说话，体用兼备，岂似他人只说得一边！"问："自其节目言之，便是'各正性命'；充其量而言之，便是'流行不息'。"曰："然。"又问："圣人定之以中正仁义而主静。"曰："此是圣人'修道之谓教'处。"因云："今且须涵养。如今看道理未精进，便须于尊德性上用功；于德性上有不足处，便须于讲学上用功。二者须相趱逼，庶得互相振策出来。若能德性常尊，便恁地广大，便恁地光辉，于讲学上须更精密，见处须更分晓。若能常讲学，于本原上又须好。觉得年来朋友于讲学上却说较多，于尊德性上说较少，所以讲学处不甚明了。"贺孙。

或问太极。曰："太极只是个极好至善底道理。人人有一太极，物物有一太极。周子所谓太极，是天地人物万善至好底表德。"谦。

太极非是别为一物，即阴阳而在阴阳，即五行而在五行，即万物而在万物，只是一个理而已。因其极至，故名曰太极。广。

才说太极，便带著阴阳；才说性，便带著气。不带著阴阳与气，太极与性那里收附？然要得分明，又不可不拆开说。宇。

因问：“《太极图》所谓‘太极’，莫便是性否？”曰：“然。此是理也。”问：“此理在天地间，则为阴阳，而生五行以化生万物；在人，则为动静，而生五常以应万事。”曰：“动则此理行，此动中之太极也；静则此理存，此静中之太极也。”洽。

问：“先生说太极‘有是性则有阴阳五行’云云，此说性是如何？”曰：“想是某旧说，近思量又不然。此‘性’字为禀于天者言。若太极，只当说理，自是移易不得。《易》言‘一阴一阳之谓道’，继之者则谓之‘善’，至于成之者方谓之‘性’。此谓天所赋于人物，人物所受于天者也。”宇。

问：“‘即阴阳而指其本体，不杂于阴阳而言之’，是于道有定位处指之。”曰：“然。‘一阴一阳之谓道’，亦此意。”可学。

自太极至万物化生，只是一个道理包括，非是先有此而后有彼。但统是一个大源，由体而达用，从微而至著耳。端蒙。

某常说：“太极是个藏头底，动时属阳，未动时又属阴了。”方子。

太极自是涵动静之理，却不可以动静分体用。盖静即太极之体也，动即太极之用也。譬如扇子，只是一个扇子，动摇便是用，放下便是体。才放下时，便只是这一个道理；及摇动时，亦只是这一个道理。

梁文叔云：“太极兼动静而言。”曰：“不是兼动静，太极有动静。喜怒哀乐未发,也有个太极;喜怒哀乐已发,也有个太极。只是一个太极,流行于已发之际,敛藏于未发之时。"

问:"'太极动而生阳,静而生阴',见得理先而气后。"曰:"虽是如此,然亦不须如此理会,二者有则皆有。"问:"未有一物之时如何?"曰:"是有天下公共之理,未有一物所具之理。"德明。

问:"太极之有动静,是静先动后否?"曰:"一动一静,循环无端。无静不成动,无动不成静。譬如鼻息,无时不嘘,无时不吸;嘘尽则生吸,吸尽则生嘘,理自如此。"德明。

问:"太极动然后生阳,则是以动为主?"曰:"才动便生阳,不是动了而后生。这个只得且从动上说起,其实此之所以动,又生于静;上面之静,又生于动。此理只循环生去,'动静无端,阴阳无始'。"贺孙。

"太极动而生阳,静而生阴",不是动后方生,盖才动便属阳,静便属阴。"动而生阳",其初本是静,静之上又须动矣。所谓"动静无端",今且自"动而生阳"处看去。时举。

"太极动而生阳,静而生阴。"非是动而后有阳,静而后有阴,截然为两段,先有此而后有彼也。只太极之动便是阳,静便是阴。方其动时,则不见静;方其静时,则不见动。然"动而生阳",亦只是且从此说起。阳动以上,更有在。程子所谓"动静无端,阴阳无始",于此可见。端蒙。

国秀说太极。曰:"公今夜说得却似,只是说太极是一个物事,不得。说太极中便有阴阳,也不得。他只说'太极动而生阳,动极而静,静而生阴'。公道未动以前如何?"曰:"只是理。"曰:"固是理,只不当对动言。未动即是静,未静又即是动,未动又即是静。伊川云:'动静无端,阴阳无始,惟知道者识之。'动极复静,静极复动,还当把那个做擗初头始得?今说'太极动而生阳',是且推眼前即今个动斩截便说起。其实那动以前又是静,静以前又是动。如今日一昼过了,便是夜,夜过了,又只是明日昼。即今昼以前又有夜了,昨夜以前又有昼了。即今要说时日起,也只且把今日建子说起,其实这个子以前岂是无了?"贺孙。

问:"'太极动而生阳',是有这动之理,便能动而生阳否?"曰:"有这动之理,便能动而生阳;有这静之理,便能静而生阴。既动,则理又在动之中;既静,则理又在静之中。"曰:"动静是气也,有此理为气之主,气便能如此否?"曰:"是也。既有理,便有气;既有气,则理又在乎气之中。周子谓:'五殊二实,二本则一。一实万分,万一各正,大小有定。'自下推而上去,五行只是二气,二气又只是一理。自上推而下来,只是此一个理,万物分之以为体,万物之中又各具一理。所谓'乾道变化,各正性命',然总又只是一个理。此理处处皆浑沦,如一粒粟生为苗,苗便生花,花便结实,又成粟,还复本形。一穗有百粒,每粒个个完全;又将这百粒去种,又各成百粒。生生只管不已,初间只是这一粒分去。物物各有理,总只是一个理。"曰:"鸢飞鱼跃,皆理之流行发见处否?"曰:"固是。然此段更须将前后文通看。"淳。

或问太极。曰:"未发便是理,已发便是情。如动而生阳,便是情。"

问:"'太极动而生阳',是阳先动也。今解云'必休立而用得以行',如何?"曰:"体自先有。下言'静而生阴',只是说相生无穷耳。"可学。

"太极动而生阳,阳变阴合",自有先后。且以人之生观之,先有阳,后有阴。阳在内而阴包于外,故心知思虑在内,阳之为也;形体,阴之为。更须错综看。如脏腑为阴,肤革为阳,此见《素问》。〇端蒙。

太极者,如屋之有极,天之有极,到这里更没去处,理之极至者也。阳动阴静,非太极动静,只是理有动静。理不可见,因阴阳而后知。理搭在阴阳上,如人跨马相似。才生五行,便被气质拘定,各为一物,亦各有一性,而太极无不在也。统言阴阳,只是两端,而阴中自分阴阳,阳中亦有阴阳。"乾道成男,坤道成女。"男虽属阳,而不可谓其无阴;女虽属阴,亦不可谓其无阳。人身气属阳,而气有阴阳;血属阴,而血有阴阳。至如五行,"天一生水",阳生阴也;而壬癸属水,壬是阳,癸是阴。"地二生火",阴生阳也;而丙丁属火,丙是阳,丁是阴。《通书·圣学》章,"一"便是太极,"静虚动直"便是阴阳,"明通公溥",便是五行。大抵周子之书才说起,便都贯穿太极许多道理。谟。

"'动而生阳',元未有物,且是如此动荡,所谓'化育流行'也。'静而生阴',阴主凝,然后万物'各正性命'。"问:"'继之者善'之时,此所谓'性善',至'成之者性',然后气质各异,方说得善恶。"曰:"既谓之性,则终是未可分善恶。"德明。

问："动静，是太极动静？是阴阳动静？"曰："是理动静。"
问："如此，则太极有模样？"曰："无。"问："南轩云'太极之体
至静'，如何？"曰："不是。"问："又云'所谓至静者，贯乎已发
未发而言'，如何？"曰："如此，则却成一不正当尖斜太极。"
可学。

郑仲履云："吴仲方疑《太极说》'动极而静，静极复动'
之说，大意谓动则俱动，静则俱静。"曰："他都是胡说。"仲履
云："太极便是人心之至理。"曰："事事物物皆有个极，是道理
之极至。"蒋元进曰："如君之仁，臣之敬，便是极。"曰："此是
一事一物之极。总天地万物之理，便是太极。太极本无此名，
只是个表德。"盖卿。

问："阴阳动静以大体言，则春夏是动，属阳；秋冬是静，
属阴。就一日言之，昼阳而动，夜阴而静。就一时一刻言之，
无时而不动静，无时而无阴阳。"曰："阴阳无处无之，横看竖
看皆可见。横看则左阳而右阴，竖看则上阳而下阴；仰手则
为阳，覆手则为阴；向明处为阳，背明处为阴。《正蒙》云：'阴
阳之气，循环迭至，聚散相荡，升降相求，絪缊相揉，相兼相制，
欲一之不能。'盖谓是也。"德明。

太极未动之前便是阴，阴静之中，自有阳动之根；阳动之
中，又有阴静之根。动之所以必静者，根乎阴故也；静之所以
必动者，根乎阳故也。

问："必至于'互为其根'，方分阴阳。"曰："从动静便
分。"曰："'分阴分阳'，是带上句？"曰："然。"可学。

问："自太极一动而为阴阳，以至于为五行，为万物，无有

不善。在人则才动便差，是如何？"曰："造化亦有差处，如冬热夏寒，所生人物有厚薄，有善恶；不知自甚处差将来，便没理会了。"又问："惟人才动便有差，故圣人主静以立人极欤？"曰："然。"广。

问"动静者，所乘之机"。曰："理搭于气而行。"可学。

问"动静者，所乘之机"。曰："太极理也，动静气也。气行则理亦行，二者常相依而未尝相离也。太极犹人，动静犹马；马所以载人，人所以乘马。马之一出一入，人亦与之一出一入。盖一动一静，而太极之妙未尝不在焉。此所谓'所乘之机'，无极、二五所以'妙合而凝'也。"铢。

周贵卿问"动静者，所乘之机"。曰："机，是关捩子。踏着动底机，便挑拨得那静底；踏着静底机，便挑拨得那动底。"义刚。

"动静者，所乘之机。"机，言气机也。《诗》云："出入乘气机。"○端蒙。

"动静无端，阴阳无始。"今以太极观之，虽曰"动而生阳"，毕竟未动之前须静，静之前又须是动。推而上之，何自见其端与始？道夫。

"动静无端，阴阳无始。"说道有，有无底在前；说道无，有有底在前，是循环物事。敬仲。

阴阳本无始，但以阳动阴静相对言，则阳为先，阴为后；阳为始，阴为终。犹一岁以正月为更端，其实姑始于此耳。岁首以前，非截然别为一段事，则是其循环错综，不可以先后始终言，亦可见矣。端蒙。

问"动静无端,阴阳无始"。曰:"这不可说道有个始。他那有始之前,毕竟是个甚么? 他自是做一番天地了,坏了后,又恁地做起来,那个有甚穷尽? 某自五六岁,便烦恼道:'天地四边之外,是什么物事?' 见人说四方无边,某思量也须有个尽处。如这壁相似,壁后也须有什么物事。其时思量得几乎成病。到而今也未知那壁后_{池本作"天外"。夔孙录作"四边"。}是何物。"或举天地相依之说云:"只是气。"曰:"亦是古如此说了。《素问》中说:'黄帝曰:"地有凭乎?"岐伯曰:"火气乘之。"' 是说那气浮得那地起来。_{夔孙录云:"谓地浮在气上。"} 这也说得好。"_{义刚。○夔孙录略。}

"阳变阴合",初生水火。水火气也,流动闪铄,其体尚虚,其成形犹未定。次生木金,则确然有定形矣。水火初是自生,木金则资于土。五金之属,皆从土中旋生出来。_{德明。}

厚之问:"'阳变阴合',如何是合?"曰:"阳行而阴随之。"_{可学。}

问:"《太极图》两仪中有地,五行中又有土,如何分别?"曰:"地言其大概,_{闳祖录作"全体"。}土是地之形质。"

晏问太极、两仪、五行。曰:"两仪即阴阳,阴阳是气,五行是质。'立天之道,曰阴与阳;立地之道,曰柔与刚',亦是质。又如人,魂是气,体魄是质。"晏云:"'太极生两仪,两仪生四象',此如母生子,子在母外之义。若两仪五行,却是子在母内。"曰:"是如此。阴阳、五行、万物各有一太极。"又云:"'太极动而生阳',只是如一长物,不免就中间截断说起。其实动之前未尝无静,静之前又未尝无动。如'继之者善也',亦是就此说起。譬之俗语谓'自今日为头,已前更不受理'意思。"
盖卿。

　　太极、阴阳、五行,只将元亨利贞看甚好。太极是元亨利
贞都在上面;阴阳是利贞是阴,元亨是阳;五行是元是木,亨
是火,利是金,贞是水。端蒙。

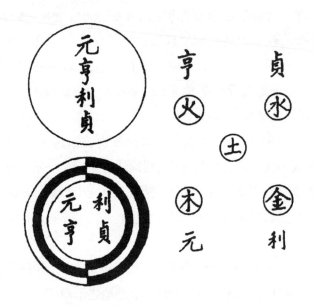

　　或问《太极图》之说。曰:"以人身言之,呼吸之气便是
阴阳,躯体血肉便是五行,其性便是理。"又曰:"其气便是春
夏秋冬,其物便是金木水火土,其理便是仁义礼智信。"又曰:
"气自是气,质自是质,不可滚说。"义刚。

　　问:"'五行之生,各一其性',理同否?"曰:"同而气质
异。"曰:"既说气质异,则理不相通。"曰:"固然。仁作义不
得,义作仁不得。"可学。

或问《图解》云："五行之生，随其气质而所禀不同，所谓'各一其性'也。"曰："气质是阴阳五行所为，忭则太极之全体。但论气质之性，则此全体在气质之中耳，非别有一性也。"铢。

或问："《太极图》五行之中又各有五行，如何？"曰："推去也有，只是他图未说到这处，然而他图也只得到这处住了。"义刚。

某许多说话，是太极中说已尽。太极便是性，动静阴阳是心，金木水火土是仁义礼智信，化生万物是万事。又云："无极之真，二五之精，妙合而凝"，此数句甚妙，是气与理合而成性也。贺孙。〇或录云："真，理也；精，气也。理与气合，故能成形。"

"无极二五，妙合而凝。"凝只是此气结聚，自然生物。若不如此结聚，亦何由造化得万物出来？无极是理，二五是气；无极之理便是性。性为之主，而二气、五行经纬错综于其间也。得其气之精英者为人，得其渣滓者为物。生气流行，一滚而出，初不道付其全气与人，减下一等与物也，但禀受随其所得。物固昏塞矣，而昏塞之中，亦有轻重者。昏塞尤甚者，于气之渣滓中又复禀得渣滓之甚者尔。谟。

问："'无极而太极'，先生谓此五字添减一字不得。而周子言'无极之真'，却又不言太极。"曰："'无极之真'，已该得太极在其中，'真'字便是太极。"又问："'太极动而生阳，静而生阴，静极复动'，则动复生阳，静复生阴。不知分阴阳以立两仪，在静极复动之前？为复在后？"曰："'动而生阳，静而生阴'，则阴阳分而两仪立矣。静极复动以后，所以明混辟不穷之妙。”子寰。

　　或问:“《太极图》下二圈,固是‘乾道成男,坤道成女’,是各有一太极也。”曰:“‘乾道成男,坤道成女’,方始万物化生。”“《易》中却云:‘有天地然后有万物,有万物然后有男女’,是如何?”曰:“太极所说,乃生物之初,阴阳之精,自凝结成两个,后来方渐渐生去。万物皆然。如牛羊草木,皆有牝牡,一为阳,一为阴。万物有生之初,亦各自有两个。故曰‘二五之精,妙合而凝’。阴阳二气更无停息。如金木水火土,是五行分了,又三属阳,二属阴,然而各又有一阴一阳。如甲便是木之阳,乙便是木之阴;丙便是火之阳,丁便是火之阴。只这个阴阳,更无休息。形质属阴,其气属阳。金银坑有金矿银矿,便是阴,其光气为阳。”贺孙。

　　天地之初,如何讨个人种?自是气蒸池作“凝”。结成两个人后,方生许多万物。所以先说“乾道成男,坤道成女”,后方说“化生万物”。当初若无那两个人,如今如何有许多人?那两个人便如而今人身上虱,是自然变化出来。《楞严经》后面说,大劫之后,世上人都死了,无复人类,却生一般禾谷,长一尺余,天上有仙人下来吃,见好后,只管来吃,吃得身重,遂上去不得,世间方又有人种。此说固好笑,但某因此知得世间却是其初有个人种如他样说。义刚。

　　气化,是当初一个人无种后,自生出来底。形生,却是有此一个人后,乃生生不穷底。义刚。

　　问“气化、形化”。曰:“此是总言。物物自有牝牡,只是人不能察耳。”

或问："'万物各具一太极'，此是以理言？以气言？"曰："以理言。"铢。

"形既生矣"，形体，阴之为也；"神发知矣"，神知，阳之为也。盖阴主翕，凡敛聚成就者，阴为之也；阳主辟，凡发畅挥散者，阳为之也。端蒙。

问："'五行之生，各一其性。五性感动而善恶分。'此'性'字是兼气禀言之否？"曰："性离气禀不得。有气禀，性方存在里面；无气禀，性便无所寄搭了。禀得气清者，性便在清气之中，这清气不隔蔽那善；禀得气浊者，性在浊气之中，为浊气所蔽。'五行之生，各一其性'，这又随物各具去了。"淳。

问"五性感动而善恶分"。曰："天地之性，是理也。才到有阴阳五行处，便有气质之性，于此便有昏明厚薄之殊。'得其秀(编者注：秀原作性)而最灵'，乃气质以后事。"去伪。

问："如何谓之性？"曰："天命之谓性。"又问："天之所命者，果何物也？"曰："仁义礼智信。"又问："《太极图》何为列五者于阴阳之下？"曰："五常是理，阴阳是气。有理而无气，则理无所立；有气而后理方有所立，故五行次阴阳。"又问："如此，则是有七？"曰："义智属阴，仁礼属阳。"按：《太极图》列金木水火土于阴阳之下，非列仁义礼智信于阴阳之下也。以气言之，曰阴阳五行；以理言之，曰健顺五行之性。此问似欠分别。○节。

问："'圣人定之以中正仁义'，何不曰仁义中正？"曰："此亦是且恁地说。当初某看时，也疑此。只要去强说，又说不得。后来子细看，乃知中正即是礼智，无可疑者。"时举。

"中正仁义而已矣"，言生之序，以配水火木金也。又曰："仁义中正而已矣"，以圣人之心言之，犹孟子言"仁义礼智"也。直卿。○端蒙。

问："《太极图》何以不言'礼智'，而言'中正'？莫是此图本为发明《易》道，故但言'中正'，是否?"曰："亦不知是如何，但'中正'二字较有力。"闳祖。

问："周子不言'礼智'，而言'中正'，如何?"曰："礼智说得犹宽，中正则切而实矣。且谓之礼，尚或有不中节处。若谓之中，则无过不及，无非礼之礼，乃节文恰好处也。谓之智，尚或有有正不正，若谓之正，则是非端的分明，乃智之实也。"铢。

问："中正即礼智，何以不直言'礼智'，而曰'中正'?"曰："'礼智'字不似'中正'字，却实。且中者，礼之极；正者，智之体，正是智亲切处。伊川解'贞'字，谓'正而固'也。一'正'字未尽，必兼'固'字。所谓'智之实，知斯二者弗去是也'。智是端的真知，恁地便是正。弗去，便是固。所以'正'字较亲切。"淳。

圣人立人极，不说仁义礼智，却说仁义中正者，中正尤亲切。中是礼之得宜处，正是智之正当处。自气化一节以下，又节节应前面图说。仁义中正，应五行也。大抵天地生物，先其轻清以及重浊。"天一生水，地二生火"，二物在五行中最轻清；金木复重于水火，土又重于金木。如论律吕，则又重浊为先，宫最重浊，商次之，角次之，徵又次之，羽最后。谟。

问："'中即礼，正即智。'正如何是智?"曰："于四德属贞,智要正。"可学。

知是非之正为智,故《通书》以正为智。节。

问:"智与正何以相契?"曰:"只是真见得是非,便是正;不正便不唤做智了。"问:"只是真见得是,真见得非。若以是为非,以非为是,便不是正否?"曰:"是。"淳。○宇同。

问:"周子言仁义中正亦甚大,今乃自偏言,止是属于阳动阴静。"曰:"不可如此看,反覆皆可。"问:"'仁为用,义为体。'若以体统论之,仁却是体,义却是用。"曰:"是仁为体,义为用。大抵仁义中又各自有体用。"可学。

"中正仁义"一节,仁义自分体用,是一般说;仁义中正分体用,又是一般说。偏言专言者,只说仁,便是体;才说义,便是就仁中分出一个道理。如人家有兄弟,只说户头上,言兄足矣;才说弟,便更别有一人。仁义中正只属五行,为其配元亨利贞也。元是亨之始,亨是元之尽;利是贞之始,贞是利之尽。故曰:"元亨,诚之通;利贞,诚之复。"谟。

"'圣人定之以中正仁义','正'字、'义'字却是体,'中''仁'却是发用处。"问:"义是如何?"曰:"义有个断制一定之体。"又问:"仁却恐是体?"曰:"随这事上说在这里,仁却是发用。只是一个仁,都说得。"膋。

问:"'处之也正,裁之也义。''处'与'裁'字,二义颇相近。"曰:"然。处,是居之;裁,是就此事上裁度。"又曰:"'处'字作'居'字,即分晓。"必大。

问"圣人定之以中正仁义"。曰:"本无先后。此四字配金木水火而言,中有礼底道理,正有智底道理。如《乾》之元亨利贞,元即仁,亨即中,利即义,贞即正,皆是此理。至于主静,是以正与义为体,中与仁为用。圣人只是主静,自有动底道理。譬如人说话,也须是先沉默,然后可以说话。盖沉默中便有个言语底意思。"去伪。

问:"'圣人定之以中正仁义而主静',何也?"曰:"中正仁义分属动静,而圣人则主于静。盖正所以能中,义所以能仁。'克己复礼',义也,义故能仁。《易》言'利贞者,性情也'。元亨是发用处,必至于利贞,乃见《乾》之实体。万物到秋冬收敛成实,方见得他本质,故曰'性情'。此亦主静之说也。"铢。

"圣人定之以中正仁义",此四物常在这里流转,然常靠着个静做主。若无夜,则做得昼不分晓;若无冬,则做得春夏不长茂。如人终日应接,却归来这里空处少歇,便精神较健。如生物而无冬,只管一向生去,元气也会竭了。中仁是动,正义是静。《通书》都是恁地说,如云"礼先而乐后"。义刚。

周贵卿说"定之以仁义中正而主静"。先生曰:"如那克处,便是义。非礼勿视听言动,那禁止处便是义。"或曰:"正义方能静,谓正义便是静,却不得。"曰:"如何恁地乱说!今且粗解,则分外有精神。且如四时有秋冬收敛,则春夏方能生长。若长长是春夏,只管生长将去,却有甚了期,便有许多元气!故'复,其见天地之心乎',这便是静后见得动恁地好。这'中正',只是将来替了那'礼智'字,皆不离这四般,但是主静。"义刚。

问:"'中正仁义而主静。'中仁是动,正义是静。如先生解曰:'非此心无欲而静,则何以酬酢事物之变而一天下之动哉？'今于此心寂然无欲而静处欲见所以正义者，何以见？"
曰："只理之定体便是。"又曰："只是那一个定理在此中，截然
不相侵犯。虽然，就其中又各有动静：如恻隐是动，仁便是
静；羞恶是动，义便是静。"淳。○义刚同。

问"圣人定之以中正仁义而主静"。曰："中正仁义皆谓
发用处。正者，中之质；义者，仁之断。中则无过不及，随时
以取中；正则当然之定理。仁则是恻隐慈爱之处，义是裁制
断决之事。主静者，主正与义也。正义便是利贞，中是亨，仁
是元。"德明。○今于"皆谓发用"及"之处""之事"等语，皆未晓，更考。

问："《太极》'主静'之说，是先静后动否？"曰："'动静无
端，阴阳无始。'虽是合下静，静而后动，若细推时，未静时须
先动来，所谓'如环无端，互为其根'。谓如在人，人之动作及
其成就，却只在静。便如浑沦未判之前，亦须曾明盛一番来。
只是这道理层层流转，不可穷诘，《太极图》中尽之。动极生
静，亦非是又别有一个静来继此动；但动极则自然静，静极则
自然动。推而上之，没理会处。"僴。

主静，看"夜气"一章可见。德明。

问："又言'无欲故静'，何也？"曰："欲动情胜，则不能
静。"德明。

濂溪言"主静"，"静"字只好作"敬"字看，故又言"无欲
故静"。若以为虚静，则恐入释老去。季通。○端蒙。

"圣人定之以中正仁义而主静"，正是要人静定其心，
自作主宰。程子又恐只管静去，遂与事物不相交涉，却说个
"敬"，云："敬则自虚静。"须是如此做工夫。德明。

问:"'圣人定之以中正仁义而主静',是圣人自定? 是定天下之人?"曰:"此承上章'惟人也得其秀而最灵'言之,形生神发,五性感动而善恶分,故'定之以中正仁义而主静',以立人极。"又问:"此恐非中人以下所可承当?"曰:"二程教学者,所以只说一个'敬'字,正是欲无智愚贤不肖皆得力耳。"久之,又曰:"此一服药,人人皆可服,服之便有效,只是自不肯服耳。"子寰。

问:"周先生说静,与程先生说敬,义则同,而其意似有异。"曰:"程子是怕人理会不得他'静'字意,便似坐禅入定。周子之说只是'无欲故静',其意大抵以静为主,如'礼先而乐后'"。贺孙。

《太极图》首尾相因,脉络贯通。首言阴阳变化之原,其后即以人所禀受明之。自"唯人也得其秀而最灵",所谓最灵,纯粹至善之性也,是所谓太极也。"形生神发",则阳动阴静之为也。"五性感动",则"阳变阴合而生水火木金土"之性也。"善恶分",则"成男成女"之象也。"万事出",则万物化生之义也。至"圣人定之以中正仁义而主静,立人极焉",则又有以得乎太极之全体,而与天地混合而无间矣。故下又言天地、日月、四时、鬼神四者,无不合也。端蒙。

《太极》首言性命之源,用力处却在修吉、悖凶,其本则主于静。端蒙。

林问:"《太极》:'原始反终,故知死生之说。'南轩解与先生解不同,如何?"曰:"南轩说不然,恐其偶思未到。周子《太极》之书如《易》六十四卦,一一有定理,毫发不差。自首至尾，只不出阴阳二端而已。始处是生生之初，终处是已定之理。始有处说生，已定处说死，死则不复变动矣。"因举张乖崖说："断公事，以为未判底事皆属阳，已判之事皆属阴，以为不可改变。《通书》无非发明此二端之理。"宇。

问："《太极图》自一而二，自二而五，即推至于万物。《易》则自一而二，自二而四，自四而八，自八而十六，自十六而三十二，自三十二而六十四，然后万物之理备。《西铭》则止言阴阳，《洪范》则止言五行，或略或详皆不同，何也？"曰："理一也，人所见有详略耳，然道理亦未始不相值也。"闳祖。

或问《太极》《西铭》。曰："自孟子已后，方见有此两篇文章。"

问："先生谓程子不以《太极图》授门人，盖以未有能受之者。然而孔门亦未尝以此语颜曾，是如何？"曰："焉知其不曾说。"曰："观颜曾做工夫处，只是切己做将去。"曰："此亦何尝不切己？皆非在外，乃我所固有也。"曰："然此恐徒长人亿度料想之见。"曰："理会不得者固如此。若理会得者，莫非在我，便可受用，何亿度之有！"广。

濂溪著《太极图》，某若不分别出许多节次来，如何看得？未知后人果能如此子细去看否。人杰。

或求先生拣《近思录》。先生披数板，云："也拣不得。"久之，乃曰："'无极而太极'，不是说有个物事光辉辉地在那里，只是说这里当初皆无一物，只有此理而已。既有此理，便有此气；既有此气，便分阴阳，以此生许多物事。惟其理有许多，故物亦有许多。以小而言之，则此下疑有脱句。无非是天地之事；以大而言之，则君臣父子夫妇朋友，无非是天地之事。只是这一个道理，所以‘君子修之吉，小人悖之凶’。而今看他说这物事，这机关一下拨转后，卒乍拦他不住。圣人所以‘一日二日万岁，兢兢业业’，‘如临深渊，如履薄冰’，只是大化恁地流行，随得是，便好；随得不是，便喝他不住。‘存心养性，所以事天也；夭寿不贰，修身以俟之，所以立命也。’所以昨日说《西铭》都相穿透。所以《太极图》说，‘五行一阴阳也，阴阳一太极也’，二气交感，所以化生万物，这便是‘天地之塞吾其体，天地之帅吾其性’。只是说得有详略，有急缓，只是这一个物事。所以万物到秋冬时，各自收敛闭藏，忽然一下春来，各自发越条畅。这只是一气，一个消，一个息。只如人相似，方其默时，便是静；及其语时，便是动。那个满山青黄碧绿，无非是这太极。所以‘仁者见之谓之仁，智者见之谓之智，百姓日用而不知，故君子之道鲜矣’，皆是那‘一阴一阳之谓道，继之者善也，成之者性也’。所以周先生《太极》《通书》只是滚这许多句。‘继之者善’是动处，‘成之者性’是静处。‘继之者善’是流行出来，‘成之者性’则各自成个物事。‘继善’便是‘元亨’，‘成性’便是‘利贞’。及至‘成之者性’，各自成个物事，恰似造化都无可做了；及至春来，又流行出来，又是‘继之者善’。譬如禾谷一般，到秋敛冬藏，千条万穟，自各成一个物事了；及至春，又各自发生出。以至人物，以至禽兽，皆是如此。且如人，方其在胞胎中，受父母之气，则是‘继之者善’；及其生出，又自成一个物事，‘成之者性也’。既成其性，又自继善，只是这一个物事，今年一年生了，明年又生出一副当物事来，又'继之者善'，又'成之者性'，只是这一个物事滚将去。所以'仁者见之谓之仁'，只是见那发生处；'智者见之谓之智'，只是见那成性处。到得'百姓日用而不知'，则不知这事物矣。所以《易》只是个阴阳交错，千变万化。故曰：'《易》有太极，是生两仪，两仪生四象，四象生八卦，八卦定吉凶，吉凶生大业。'圣人所以说出来时，只是使人不迷乎利害之途。"又曰："《近思录》第二段说'诚无为，几善恶'。'诚无为'，只是自然有实理恁地，不是人做底，都不犯手势，只是自然一个道理恁地。'几善恶'，则是善里面便有五性，所以为圣，所以为贤，只是这个。"又曰："下面说天下大本，天下达道。未发时便是静，已发时便是动。方其未发，便有一个体在那里了，及其已发，便有许多用出来。少间一起一倒，无有穷尽。若静而不失其体，便是'天下之大本'；动而不失其用，便是'天下之达道'。然静而失其体，则'天下之大本'便错了；动而失其用，则'天下之达道'便乖了。说来说去，只是这一个道理。"义刚。

时紫芝亦曾见尹和靖来，尝注《太极图》。不知何故，渠当时所传图本，第一个圈子内误有一点。紫芝于是从此起意，谓太极之妙皆在此一点。亦有《通书解》，无数凡百说话。扬。

朱子论通书

[宋] 朱　熹

周子留下《太极图》，若无《通书》，却教人如何晓得？故《太极图》得《通书》而始明。大雅。

《通书》一部，皆是解《太极说》。这道理，自一而二，二而五。如"诚无为，几善恶，德"以下，便配着太极阴阳五行，须是子细看。莹。

直卿云："《通书》便可上接《语》《孟》。"曰："比《语》《孟》较分晓精深，结构得密。《语》《孟》说得较阔。"方子。

《通书》觉细密分明，《论》《孟》又阔。高。

诚　上

问"诚者圣人之本"。曰："此言本领之'本'。圣人所以圣者，诚而已。"铢。

"诚者圣人之本"，言太极。"'大哉乾元，万物资始'，诚之源"，言阴阳五行。"'乾道变化，各正性命'，诚斯立焉"，言气化。"纯粹至善者"，通缴上文。"故曰'一阴一阳之谓道'"，解"诚者圣人之本"。"继之者善也",解"大哉乾元"以下;"成之者性也",解"乾道变化"以下。"元亨,诚之通",言流行处;"利贞,诚之复",言学者用力处。"大哉《易》也! 性命之源",又通缴上文。人杰。

"'大哉乾元,万物资始',诚之源也。"此统言一个流行本源。《乾》道变化,各正性命",诚之流行出来,各自有个安顿处。如为人也是这个诚,为物也是这个诚,故曰"诚斯立焉"。譬如水,其出只一源,及其流出来千派万别,也只是这个水。端蒙。

夏问:"举'一阴一阳之谓道'以下三句,是证上文否?"曰:"固是。'一阴一阳之谓道'一句,通证'诚之源''大哉乾元'至'诚斯立焉'二节。'继之者善',又证'诚之源'一节;'成之者性',证'诚斯立焉'一节。"植。

夏问:"《诚上》篇举《易》'一阴一阳之谓道'三句。"曰:"'继''成'二字皆节那气底意思说。'性''善'二字皆只说理。但'继之者善'方是天理流行处,'成之者性'便是已成形,有分段了。"植。

问:"'一阴一阳之谓道',是太极否?"曰:"阴阳只是阴阳,道是太极。程子说:'所以一阴一阳者,道也。'"问:"《知言》云:'有一则有三,自三而无穷矣。'又云:'"一阴一阳之谓道",谓太极也。阴阳刚柔显极之几,至善以微,孟子所谓"可欲"者也。'如何?"曰:"《知言》只是说得一段文字好,皆不可晓。"问:"'纯粹至善者也'与'继之者善'同否?"曰:"是缴上三句,却与'继之者善'不同。'继之者善'属阳,'成之者性'属阴。"问:"阳实阴虚。'继之者善'是天命流行,'成之者性'是在人物。疑人物是实。"曰："阳实阴虚,又不可执。只是阳便实,阴便虚,各随地步上说。如扬子说:'于仁也柔,于义也刚。'今周子却以仁为阳,义为阴。要知二者说得都是。且如造化周流,未著形质,便是形而上者,属阳;才丽于形质,为人物,为金木水火土,便转动不得,便是形而下者,属阴。若是阳时,自有多少流行变动在。及至成物,一成而不返。谓如人之初生属阳,只管有长;及至长成,便只有衰,此气逐旋衰减,至于衰尽,则死矣。周子所谓'原始反终',只于衰尽处,可见反终之理。"又曰:"尝见张乖崖云:'未押字时属阳,已押字属阴。'此语疑有得于希夷,未可知。"礜。

问:"濂溪论性,自气禀言,却是上面已说'太极''诚',不妨。如孔子说'性相近,习相远',不成是不识。如荀、扬便不可。"曰:"然。他已说'纯粹至善'。"可学。

"继之者善也",周子是说生生之善,程子说作天性之善,用处各自不同。若以此观彼,必有窒碍。人杰。

"元亨","继之者善也",阳也;"利贞","成之者性也",阴也。节。

问:"'继之者善也,成之者性也',窃谓妙合之始,便是继。'乾道成男,坤道成女',便是成。"曰:"动而生阳之时,便有继底意;及至静而生阴,方是成。如六十四卦之序,至《复》而继。"德明。

问:"阳动是元亨,阴静是利贞。但五行在阴阳之下,人物又在五行之下,如何说'继善成性'?"曰:"阴阳流于五行之中而出,五行无非阴阳。"可学。

问:"阴阳气也,何以谓形而下者?"曰:"既曰气,便是有个物事,此谓形而下者。"又问:"'继之者善,成之者性',何以分继善、成性为四截?"曰:"继成属气,善性属理。性已兼理气,善则专指理。"又曰:"理受于太极,气受于二气、五行。"植。

问:"'元亨,诚之通;利贞,诚之复。'元亨是春夏,利贞是秋冬。秋冬生气既散,何以谓之收敛?"曰:"其气已散,收敛者乃其理耳。"曰:"冬间地下气暖,便也是气收敛在内。"曰:"上面气自散了,下面暖底乃自是生来,却不是已散之气复为生气也。"时举。

先生出示《答张元德书》,问"通""复"二字。先生谓:"'诚之通',是造化流行,未有成立之初,所谓'继之者善';'诚之复',是万物已得此理,而皆有所归藏之时,所谓'成之者性'。在人则'感而遂通'者,'诚之通';'寂然不动'者,'诚之复'。"时举因问:"明道谓:'今人说性,只是说"继之者善"。'是如何?"曰:"明道此言,却只是就人上说耳。"时举。

直卿问:"'利贞,诚之复。'如先生注下言,'复'如伏藏。"先生曰:"复只是回来,这个是周先生添此一句。孔子只说'乾道变化,各正性命'。"又曰:"这个物事又记是"气"字。流行到这里来,这里住著,却又复从这里做起。"又曰:"如母子相似。未生之时,母无气不能生其子,既生之后,子自是子,母自是母。"又曰:"如树上开一花,结一子,未到利贞处,尚是运下面气去荫又记是"养"字。他;及他到利贞处,自不用养。"又记是"恁地"字。又问:"自一念之荫以至于事之得其所,是一事之元亨利贞?"先生应之曰:"他又自这里做起,所谓'生生之谓易'，也是恁地。"又记曰："气行到这里住著，便立在这里。既立在这里，则又从这里做起。"节。

问："'元亨，诚之通'，便是阳动；'利贞，诚之复'，便是阴静。注却云：'此已是五行之性。'如何？"曰："五行便是阴阳，但此处已分作四。"可学。

"利贞诚，之复"，乃回复之"复"，如人既去而回，在物归根复命者也。"不远而复"，乃反复之"复"，反而归其元地头也。诚复，就一物一草一木看得。复善，则如一物截然到上面穷了，却又反归到元地头。诚复，只是就去路寻得旧迹回来。因论《复卦》说如此。更详之，俟他日问。○端蒙。

诚　下

问诚是"五常之本"。曰："诚是通体地盘。"方子。

"诚下"一章，言太极之在人者。人杰。

问："'诚，五常之本。'同此实理于其中，又分此五者之用？"曰："然。"可学。

问："'果而确'，果者阳决，确者阴守？"曰："此只是一事，而首尾相应。果而不确，即无所守；确而不果，则无决。二者不可偏废，犹阴阳不可相无也。"○铢。

诚　几　德

《通书》"诚无为"章，说圣、贤、神三种人。恐有记误。○铢。

　　"诚无为",诚,实理也;无为,犹"寂然不动"也。实理该贯动静,而其本体则无为也。"几善恶","几者,动之微",动则有为,而善恶形矣。"诚无为",则善而已。动而有为,则有善有恶。端蒙。

　　光祖问"诚无为,几善恶"。曰:"诚是当然,合有这实理,所谓'寂然不动'者。几,便是动了,或向善,或向恶。"贺孙。

　　曾问"诚无为,几善恶"。曰:"诚是实理,无所作为,便是'天命之谓性','喜怒哀乐未发之谓中'。'几者,动之微。'微,动之初,是非善恶于此可见;一念之生,不是善,便是恶。孟子曰'道二,仁与不仁而已矣'是也。德者,有此五者而已。仁义礼智信者,德之体;'曰爱','曰宜','曰理','曰通','曰守'者,德之用。"卓。

　　濂溪言"诚无为,几善恶"。才诚,便行其所无事,而几有善恶之分。于此之时,宜当穷察识得是非。其初有毫忽之微,至于穷察之久,渐见充越之大,天然有个道理开裂在那里。此几微之决,善恶之分也。若于此分明,则物格而知至,知至而意诚,意诚而心正身,修而家齐国治天下平,如激湍水,自已不得;如田单火牛,自止不住。宇。

　　道夫言:"诚者,自然之实理,无俟营为,及几之所动,则善恶著矣。善之所诚,则为五常之德。圣人不假修为,安而全之;贤者则有克复之功。要之,圣贤虽有等降,然及其成功,则一而已。故曰'发微不可见,充周不可穷之谓神'。"曰:"固是如此。但几是动之微,是欲动未动之间,便有善恶,便须就这处理会。若至于发著之甚,则亦不济事矣,更怎生理会?

所以圣贤说'戒慎乎其所不睹,恐惧乎其所不闻'。盖几微之际,大是要切。"又问:"以诚配太极,以善恶配阴阳,以五常配五行,此固然。但'阳变阴合,而生水火木金土',则五常必不可谓共出于善恶也。此似只是说得善之一脚。"曰:"《通书》从头是配合,但此处却不甚似。如所谓'刚善刚恶,柔善柔恶',则确然是也。"道夫。

问:"'诚无为,几善恶'一段,看此与《太极图》相表里。"曰:"然。周子一书都是说这道理。"又举"喜怒哀乐未发谓之中"一章,及"心一也"一章。"程子承周子一派,都是太极中发明。"曰:"然。"问:"此都是说这道理是如此,工夫当养于未发。"曰:"未发有工夫,既发亦用工夫。既发若不照管,也不得,也会错了。但未发已发,其工夫有个先后,有个轻重。"贺孙。

"或举季通语:《通书》"诚无为,几善恶"与《太极》"惟人也得其秀而最灵。形既生矣,神发知矣,五性感动而善恶分"二说似乎相背,既曰"无为"矣,如何又却有善恶之几?恐是周子失照管处。'如何?"曰:"当'寂然不动'时,便是'诚无为';有感而动,即有善恶。几是动处。大凡人性不能不动,但要顿放得是。于其所动处顿放得是时,便是'德,爱曰仁,宜曰义';顿放得不是时,便一切反是。人性岂有不动?但须于中分得天理人欲,方是。"祖道。

人杰问:"季通说:''诚无为,几善恶。德,爱曰仁'一段,周子亦有照管不到处。既曰'诚无为',则其下未可便着"善、恶"字。'如何?"曰:"正淳如何看?"人杰曰:"若既诚而无为,则恐未有恶。若学者之心,其几安得无恶?"曰:"当其未感,五性具备,岂有不善? 及其应事,才有照顾不到处,这便是恶。古之圣贤战战兢兢过了一生,正谓此也。颜子'有不善未尝不知',亦是如此。"因言:"仲弓问'焉知贤才而举之',程子以为'便见仲弓与圣人用心之小大。推此义,则一心可以兴邦,一心可以丧邦,只在公私之间。'且看仲弓之问,未见其为私意;然其心浅狭欠阙处多,其流弊便有丧邦之理。凡事微有过差,才有安顿不着处,便是恶。"人杰。

问:"若是未发,便是都无事了,如何更有几?'二者之间,其几甚微',莫是指此心未发而言否?"曰:"说几时,便不是未发。几,正是那欲发未发时,当来这里致谨,使教自慊,莫教自欺。"又问:"莫是说一毫不谨,则所发流于恶而不为善否?"曰:"只是说心之所发,要常常省察,莫教他自欺耳。人心下自是有两般,所以要谨。谨时便知得是自慊,是自欺,而不至于自欺。若是不谨,则自慊也不知,自欺也不知。"义刚。

或以善恶为男女之分,或以为阴阳之事。凡此两件相对说者,无非阴阳之理。分阴阳而言之,或说善恶,或说男女,看他如何使。故善恶可以言阴阳,亦可以言男女。谟。

或问:"有阴阳便有善恶。"曰:"阴阳五行皆善。"又曰:"阴阳之理皆善。"又曰:"合下只有善,恶是后一截事。"又曰:"竖起看,皆善;横看,后一截方有恶。"又曰:"有善恶,理却皆善。"又记是"无恶"字。○节。

"德,爱曰仁"至"守曰信"。德者,人之得于身者也。爱、宜、理、通、守者,德之用;仁、义、礼、智、信者,德之体。理,谓有条理;通,谓通达;守,谓确实。此三句就人身而言。

诚,性也;几,情也;德,兼性情而言也。直卿。〇端蒙。

"性焉安焉之谓圣",是就圣人性分上说。"发微不可见、充周不可穷之谓神",是他人见其不可测耳。夔孙。

问:"'性者独得于天',如何言'独得?'"曰:"此言圣人合下清明完具,无所亏失。此是圣人所独得者,此对了'复'字说。复者,已失而反其初,便与圣人独得处不同。'安'字对了'执'字说。执是执持,安是自然。大率周子之言,称等得轻重极是合宜。"因问:"周子之学,是自得于心?还有所传授否?"曰:"也须有所传授。渠是陆诜壻。温公《涑水记闻》载陆诜事,是个笃实长厚底人。"铢。

"发微不可见、充周不可穷之谓神",言其发也微妙而不可见,其充也周遍而不可穷。"发"字、"充"字就人看。如"性焉、安焉","执焉、复焉",皆是人如此。"微不可见、周不可穷",却是理如此。神只是圣之事,非圣外又有一个神,别是个地位也。端蒙。

"发微不可见,充周不可穷之谓神。"神即圣人之德,妙而不可测者,非圣人之上复有所谓神也。发,动也;微,幽也;言其"不疾而速"。一念方萌,而至理已具,所以微而不可见也。充,广也;周,遍也;言其"不行而至"。盖随其所寓,而理无不到,所以周而不可穷也。此三句,就人所到地位而言,即尽夫上三句之理而所到有浅深也。端蒙。

问:"《通书》言神者五,三章、四章、九章、十一章、十六章。其义同否?"曰:"当随所在看。"曰:"神只是以妙言之否?"曰:"是。且说'感而遂通者,神也',横渠谓:'一故神,两在故不测。'"因指造化而言曰:"忽然在这里,又忽然在那里,便是神。"曰:"在人言之,则如何?"曰:"知觉便是神。触其手则手知痛,触其足则足知痛,便是神。'神应故妙'。"淳。

圣

"寂然不动者,诚也。"又曰:"'大哉乾元,万物资始',诚之源也。"须知此,"大哉乾元,万物资始"以上,更有"寂然不动"。端蒙。

"几善恶",言众人者也。"动而未形,有无之间"也,言圣人毫厘发动处,此理无不见。"寂然不动者,诚也。"至其微动处,即是几。几在诚神之间。端蒙。

林问:"入德莫若以几,此最要否?"曰:"然。"问:"《通书》说'几',如何是动静体用之间?"曰:"似有而未有之时,在人识之尔。"宇。

几虽已感,却是方感之初;通,则直到末梢皆是通也。如推其极,到"协和万邦,黎民于变时雍",亦只是通也。几,却只在起头一些子。闳祖。

"《通书》多说'几',《太极图》上却无此意。"曰:"'五性感动',动而未分者,便是。"直卿云:"《通书》言主静、审几、慎独,三者循环,与《孟子》'夜气'、'平旦之气'、'昼旦所为'相似。"○方子。

问:"'诚精故明',先生引'清明在躬,志气如神'释之,却是自明而诚。"曰:"便是看得文字粗疏。周子说'精'字最好。'诚精'者,直是无些夹杂,如一块银,更无铜铅,便是通透好银。故只当以清明释之,'志气如神',即是'至诚之道可以前知'之意也。"人杰因曰:"凡看文字,缘理会未透,所以有差。若长得一格,便又看得分明。"曰:"便是说倒了。"人杰。

安卿问:"'神、诚、几',学者当从何入?"曰:"随处做工夫。淳录云:"本在诚,著力在几。"诚是存主处,发用处是神,几是决择处。淳录云:"在二者之间。"然紧要处在几。"砥。〇淳同。

慎　动

问:"'动而正曰道,用而和曰德',却是自动用言。'曰',犹言合也。若看做道德题目,却难通。"曰:"然。自是人身上说。"可学。

"动而正曰道",言动而必正为道,否则非也。"用而和曰德",德有熟而不吃力之意。人杰。

师

问:"《通书》中四象,刚柔善恶,皆是阴阳。"曰:"然。"可学。

问:"性者,刚柔善恶中而已。"曰:"此性便是言气质之性。四者之中,去却两件刚恶、柔恶,却又刚柔二善中,择中而主池作"立"。焉。"去伪。

正淳问《通书》注"中"字处,引"允执厥中"。曰:"此只是无过不及之'中'。书传中所言皆如此,只有'喜怒哀乐未发之中'一处是以体言。到'中庸'字亦非专言体,便有无过不及之意。"儓。

问:"《解》云:'刚柔,即《易》之两仪,各加善恶,即《易》之四象。'疑'善恶'二字是虚字,如《易》八卦之吉凶。今以善恶配为四象,不知如何?"曰:"更子细读,未好便疑。凡物皆有两端。如此扇,便有面有背。自一人之心言之,则有善有恶在其中,便是两物。周子止说到五行住,其理亦只消如此,自多说不得。包括万有,举归于此。康节却推到八卦。太阳、太阴,少阳、少阴。太阳、太阴各有一阴一阳,少阳、少阴亦有一阴一阳,是分为八卦也。"问:"前辈以老阴、老阳为《乾》《坤》,又分六子以为八卦,是否?"曰:"六子之说不然。"宇。

问:"《通书解》论周子止于四象,以为水火金木,如何?"曰:"周子只推到五行。如邵康节不又从一分为二,极推之至于十二万四千,纵横变动,无所不可?如汉儒将十二辟卦分十二月。康节推又别。"可学。

幸

"人之生,不幸不闻过;大不幸无耻。"此两句只是一项事。知耻是由内心以生,闻过是得之于外。人须知耻,方能过而改,故耻为重。偲。

思

问:"'无思,本也;思通,用也。''无思而无不通,为圣人。'不知圣人是有思耶？无思耶？"曰："无思而无不通是圣人，必思而后无不通是睿。"时举云："圣人'寂然不动'，是无思；才感便通，特应之耳。"曰："圣人也不是块然由人拨后方动，如庄子云'推而行，曳而止'之类。只是才思便通，不待大故地思索耳。"时举因云："如此，则是无事时都无所思，事至时才思而便通耳。"时举。

睿有思，有不通；圣无思，无不通。又曰：圣人时思便通，非是块然无思，拨著便转。恁地时，圣人只是个瓠子！说"无思本也"。○节。

"几"，是事之端绪。有端绪方有讨头处，这方是用得思。植。

《思》一章，"几""机"二字无异义。举《易》一句者，特断章取义以解上文。人杰。

举《通书》言："通微，无不通。"举李先生曰："梁惠王（编者注：梁惠王应作齐宣王）说好色，孟子便如此说；说好货，便如此说；说好勇，便如此说；皆有个道理，便说将去。此是尽心道理。""当时不晓，今乃知是'无不通'底道理。"方。

志　学

问："'圣希天'，若论圣人，自是与天相似了；得非圣人未尝自以为圣，虽已至圣处，而犹戒慎恐惧，未尝顷刻忘所法则否？"曰："不消如此说。天自是天，人自是人，终是如何得似天？自是用法天。'明王奉若天道，建邦设都'，无非法天者。大事大法天，小事小法天。"僩。

窦问："'志伊尹之志，学颜子之学'，所谓志者，便是志于行道否？"曰："'志伊尹之所志'，不是志于私。大抵古人之学，本是欲行。'伊尹耕于有莘之野，而乐尧、舜之道'，凡所以治国平天下者，无一不理会。但方处畎亩之时，不敢言必干用耳。及三聘幡然，便向如此做去，此是尧、舜事业。看《二典》之书，尧、舜所以卷舒作用，直如此熟。"因说："耿守向曾说：'"用之则行，舍之则藏，惟我与尔有是夫！"此非专为用舍行藏，凡所谓治国平天下之具，惟夫子、颜子有之，用之则抱持而往，不用则卷而怀之。'"曰："某不敢如此说。若如此说，即是孔、颜胸次全无些洒落底气象，只是学得许多骨董，将去治天下。又如龟山说，伊尹乐尧、舜之道，只是出作入息，饥食渴饮而已。即是伊尹在莘郊时，全无些能解，及至伐夏救民，逐旋叫唤起来，皆说得一边事。今世又有一般人，只道饱食暖衣无外慕，便如此涵养去，亦不是，须是一一理会去。"德明。〇耿名秉。

窦又问："'志伊尹之志'，乃是志于行。"曰："只是不志于私。今人仕宦只为禄，伊尹却'禄之天下弗顾，系马千驷弗视也'。"又云："虽志于行道，若自家所学元未有本领，如何便能举而措之天下？又须有那地位。若身处贫贱，又如何行？然亦必自修身始，修身齐家，然后达诸天下也。"又曰："此个道理，缘为家家分得一分，不是一人所独得而专者。经世济物，古人有这个心。若只是我自会得，自卷而怀之，却是私。"德明。

"'志伊尹之所志，学颜子之所学。'志固是要立得大，然其中又自有先后缓急之序，'致广大而尽精微'。若曰未到伊尹田地做未得，不成块然吃饭，都不思量天下之事？若是见州郡所行事有不可人意，或百姓遭酷虐，自家宁不恻然动心？若是朝夕忧虑，以天下国家为念，又那里教你恁地来？"或曰："圣贤忧世之志，乐天之诚，盖有并行而不相悖者，如此方得。"曰："然。便是怕人倒向一边去。今人若不块然不以天下为志，便又切切然理会不干己事。如世间一样学问，专理会典故世务，便是如此。'古之欲明明德于天下者'，合下学，便是学此事。既曰'欲明明德于天下'，不成只恁地空说，里面有几多工夫。"僩。

问："'过则圣，及则贤。'若过于颜子，则工夫又更绝细，此固易见。不知过伊尹时如何说？"曰："只是更加些从容而已，过之，便似孔子。伊尹终是有担当底意思多。"僩。

动　静

"'动而无静，静而无动者，物也。'此言形而下之器也。形而下者，则不能通，故方其动时，则无了那静；方其静时，则无了那动。如水只是水，火只是火。就人言之，语则不默，默则不语；以物言之，飞则不植，植则不飞是也。'动而无动，静而无静'，非不动不静，此言形而上之理也。理则神而莫测，方其动时，未尝不静，故曰'无动'；方其静时，未尝不动，故曰'无静'。静中有动，动中有静，静而能动，动而能静，阳中有阴，阴中有阳，错综无穷是也。"又曰："'水阴根阳，火阳根阴。'水阴火阳，物也，形而下者也；所以根阴根阳，理也，形而上者也。"直卿云:"兼两意言之,方备。言理之动静,则静中有动,动中有静,其体也;静而能动,动而能静,其用也。言物之动静,则动者无静,静者无动,其体也;动者则不能静,静者则不能动,其用也。"_{端蒙。}

问"动而无动,静而无静"。曰:"此说'动而生阳,动极而静;静而生阴,静极复动'。此自有个神在其间,不属阴,不属阳,故曰'阴阳不测之谓神'。且如昼动夜静,在昼间神不与之俱动,在夜间神不与之俱静。神又自是神,神却变得昼夜,昼夜却变不得神。神妙万物。如说'水阴根阳,火阳根阴',已是有形象底,是说粗底了。"又曰:"静者为主,故以《蒙艮》终云。"_{植。}

问:"'动而无动,静而无静,神也。'此理如何?"曰:"譬之昼夜:昼固是属动,然动却来管那神不得;夜固是属静,静亦来管那神不得。盖神之为物,自是超然于形器之表,贯动静而言,其体常如是而已矣。"_{时举。}

《动静》章所谓神者,初不离乎物。如天地,物也。天之收敛,岂专乎动? 地之发生,岂专乎静? 此即神也。_{闳祖。}

问:"'动而无静,静而无动,物也;静而无静,动而无动,神也。'所谓物者,不知人在其中否?"曰:"人在其中。"曰:"所谓神者,是天地之造化否?"曰:"神,即此理也。"问:"物则拘于有形;人则动而有静,静而有动,如何却同万物而言?"曰:"人固是静中动,动中静,亦谓之物。凡言物者,指形器有定体而言,然自有一个变通底在其中。须知器即道,道即器,莫离道而言器可也。凡物皆有此理。且如这竹椅,固是一器,到适用处，便有个道在其中。"又问神，曰"神在天地中，所以妙万物者，如水为阴则根阳，火为阳则根阴"云云。先生曰："文字不可泛看，须是逐句逐段理会。此一段未透，又去看别段，便鹘突去，如何会透彻，如何会贯通？且如此段未说理会到十分，亦且理会七分，看来看去，直至无道理得说，却又再换一段看。疏略之病，是今世学者通患。不特今时如此，前辈看文字，盖有一览而尽者，亦恐只是无究竟。"问："经书须逐句理会；至如史书易晓，只看大纲，如何？"曰："较之经书不同，然亦自是草率不得。须当看人物是如何，治体是如何，国势是如何，皆当子细。"因举上蔡看明道读史："逐行看过，不差一字。"宇。

至之问："'水阴根阳，火阳根阴'与'五行阴阳，阴阳太极'为一截，'四时运行，万物终始'与'混兮辟兮，其无穷兮'为一截。'混兮'是'利贞，诚之复'，'辟兮'是'元亨，诚之通'。注下'自五而一，自五而万'之说，则是太极常在贞上，恐未稳。"先生大以为然，曰："便是犹有此等硬说处。"直卿云："自《易》说'元亨利贞'，直到濂溪、康节始发出来。"〇方子。

"混兮辟兮"，混，言太极；辟，言为阴阳五行以后，故末句曰："其无穷兮。"言既辟之后，为阴阳五行，为万物，无穷尽也。人杰。

乐

《通书》论乐意极可观，首尾有条理，只是淡与不淡，和与不和，前辈所见各异。邵康节须是二四六八，周子只是二四中添一上为五行。如刚柔添善恶，又添中于其间，周子之说也。
可学。

　　问：“《通书注》云：'而其制作之妙，真有以得乎声气之
元。'不知而今尚可寻究否？”曰：“今所争，只是黄钟一宫耳。
这里高则都高，这里低则都低，盖难得其中耳。”问：“胡安定
乐如何？”曰：“亦是一家。”干。

圣　学

　　问：“伊川云：'为士必志于圣人。'周子乃云：'一为要。
一者，无欲也。'何如？”曰：“若注释古圣贤之书，恐认当时圣
贤之意不亲切，或有误处。此书乃周子自著，不应有差。'一
者，无欲'，一便是无欲。今试看无欲之时，心岂不一？”又
问：“比主一之敬如何？”曰：“无欲之与敬，二字分明。要之，
持敬颇似费力，不如无欲撒脱。人只为有欲，此心便千头万
绪。此章之言，甚为紧切，学者不可不知。”

　　问：“一是纯一静虚，是此心如明鉴止水，无一毫私欲填于
其中。故其动也，无非从天理流出，无一毫私欲挠之。静虚是
体，动直是用。”曰：“也是如此。静虚易看，动直难看。静虚，
只是伊川云'中有主则虚，虚则邪不能入'是也。若物来夺
之，则实；实则暗，暗则塞。动直，只是其动也更无所碍。若
少有私欲，便碍便曲。要恁地做，又不要恁地做，便自有窒碍，
便不是直。曲则私，私则狭。”端蒙。

　　或问“圣可学乎”云云，“一为要”。“这个是分明底一，不

是鹘突底一。"问:"如何是鹘突底一?"曰:"须是理会得敬落著处。若只块然守一个'敬'字,便不成个敬。这个亦只是说个大概。明通,在己也;公溥,接物也。须是就静虚中涵养始得。明通,方能公溥。若便要公溥,定不解得。静虚、明通,'精义入神'也;动直、公溥,'利用安身'也。"又曰:"一即所谓太极。静虚、明通,即图之阴静;动直、公溥,即图之阳动。"贺孙。

　　问:"《圣学》章'一者',是表里俱一,纯彻无二;少有纤毫私欲,便二矣。内一则静虚,外一则动直,而明通公溥,则又无时不一也。一者,此心浑然太极之体;无欲者,心体粹然无极之真。静虚者,体之未发,豁然绝无一物之累,阴之性也;动直者,用之流行,坦然由中道而出,阳之情也。明属火,通属木,公属金,溥属水。明通则静极而动,阴生阳也;公溥则动极而静,阳生阴也。而无欲者,又所以贯动静明通公溥而统于一,则终始表里一太极也。不审是否?"曰:"只四象分得未是。此界两边说,明属静边,通属动边,公属动边,溥属静边。明是贞,属水;通是元,属木;公是亨,属火;溥是利,属金。只恁地循环去。明是万物收敛醒定在这里,通是万物初发达,公是万物齐盛,溥是秋来万物溥遍成遂,各自分去,所谓'各正性命'。"曰:"在人言之,则如何?"曰:"明是晓得事物,通是透彻无窒碍,公是正无偏陂,溥是溥遍万事,便各有个理去。"直卿曰:"通者明之极,溥者公之极。"曰:"亦是。如后所谓'诚立明通',意又别。彼处以'明'字为重。立,如'三十而立'。通,则'不惑','知天命','耳顺'也。"淳。

安卿问："'明通公溥',于四象曷配?"曰:"明者明于己,水也,正之义也;通则行无窒碍,木也,元之义也;公者,公于己,火也,亨之义也;溥则物各得其平之意,金也,利之义也。利,如'乾道变化,各正性命'之意。明通者,静而动;公溥者,动而静。"砥。

问:"履之记先生语,以明配水,通配木,公配火,溥配金。溥何以配金?"曰:"溥如何配金? 溥正是配水。此四者只是依春夏秋冬之序相配将去,明配木,仁元。通配火,礼亨。公配金,义利。溥配水。智贞。想是他错记了。"僴。

问:"'明通公溥'于四象何所配?"曰:"只是春夏秋冬模样。"曰:"明是配冬否?"曰:"似是就动处说。"曰:"便似是元否?"曰:"是。然这处亦是偶然相合,不是正恁地说。"又曰:"也有恁地相似处。'吉凶者,失得之象也;悔吝者,忧虞之象也。'悔便是悔恶向善意。如曰'震无咎者存乎悔',非如'迷复'字意。吝是未至于恶,只管吝,渐渐恶。'刚柔者,昼夜之象也;变化者,进退之象也。'变是进,化是退,便与悔吝相似。且以一岁言之,自冬至至春分,是进到一半,所以谓之分;自春分至夏至,是进到极处,故谓之至。进之过,则退。至秋分是退到一半处,到冬至也是退到极处。天下物事,皆只有此两个。"问:"人只要全得未极以前底否?"曰:"若以善恶配言,则圣人到那善之极处,又自有一个道理,不到得'履霜坚冰至'处。若以阴阳言,则他自是阴了又阳,阳了又阴,也只得顺他。《易》里才见阴生,便百种去裁抑他,固是如此。若一向是阳,则万物何由得成? 他自是恁地。国家气数盛衰亦恁地。尧到七十载时,也自衰了,便所以求得一个舜,分付与他,又自重新转过。若一向做去,到死后也衰了。文、武恁地,到成、康也只得恁地持盈守成,到这处极了,所以昭王便一向衰扶不起。汉至宣帝以后,便一向衰,直至光武,又只得一二世,便一向扶不起,国统屡绝。”刘曰:“光武便如康节所谓秋之春时节。”曰:“是。”贺孙。

理 性 命

彰,言道之显;微,言道之隐。“匪灵弗莹”,言彰与微,须灵乃能了然照见,无滞碍也。此三句是言理。别一本“灵”作“虚”,义短。“刚善刚恶,柔亦如之,中焉止矣。”此三句言性。“二气五行”以下并言命。实,是实理。人杰。

“厥彰厥微”,只是说理有大小精粗,如人事中,自有难晓底道理。如君仁臣忠父慈子孝,此理甚显然。若阴阳性命鬼神往来,则不亦微乎! 端蒙。

问“五殊二实”。曰:“分而言之有五,总而言之只是阴阳。”节。

郑问:“《理性命》章何以下‘分’字?”曰:“不是割成片去,只如月映万川相似。”淳。

“万一各正,小大有定”,言万个是一个,一个是万个。盖体统是一太极,然又一物各具一太极。所谓“万一各正”,犹言“各正性命”也。端蒙。

晏问"五殊二实"一段。先生说了,又云:"《中庸》'如天之无不覆帱,地之无不持载',止是一个大底包在中间;又有'四时错行,日月代明',自有细小去处。'道并行而不相悖,万物并育而不相害。'并行并育,便是那天地覆载;不相悖不相害,便是那错行代明底。'小德川流'是说小细底,'大德敦化'是那大底。大底包小底,小底分大底。千五百年间,不知人如何读这个,都似不理会得这道理。"又云:"'一实万分,万一各正',便是'理一分殊'处。"植。

问:"《理性命》章注云:'自其本而之末,则一理之实,而万物分之以为体,故万物各有一太极。'如此,则是太极有分裂乎?"曰:"本只是一太极,而万物各有禀受,又自各全具一太极尔。如月在天,只一而已;及散在江湖,则随处而见,不可谓月已分也。"谟。

颜　子

问颜子"能化而齐"。曰:"此与'大而化之'之'化'异。但言消化却富贵贫贱之念,方能齐。齐,亦一之意。"去伪。

师　友

杜斿问:"濂溪言道至贵者,不一而足。"曰:"周先生是见世间愚辈为外物所摇动,如堕在火坑中,不忍见他,故如是说不一。世人心不在壳子里,如发狂相似,只是自不觉。浙间只是权谲功利之渊薮。三二十年后，其风必炽，为害不小。某六七十岁，居此世不久，旦夕便死。只与诸君子在此同说，后来必验。"节。

势

问"极重不可反，知其重而亟反之可也"。曰："是说天下之势，如秦至始皇强大，六国便不可敌。东汉之末，宦官权重，便不可除。绍兴初，只斩陈少阳，便成江左之势。重极，则反之也难；识其重之机而反之，则易。"人杰。

文　辞

"文，所以载道"，一章之大意。"轮辕饰而人弗庸，徒饰也"，言有载道之文而人弗用也。"况虚车乎"，此不载道之文也。自"笃其实"至"行而不远"，是轮辕饰而人庸之者也。自"不贤者"至"强之不从也"，是弗庸者也。自"不知务道德"至"艺而已"，虚车也。端蒙。

圣　蕴

或问"发圣人之蕴，教万世无穷者，颜子也"。曰："夫子之道如天，惟颜子尽得之。夫子许多大意思，尽在颜子身上发见。譬如天地生一瑞物，即此物上尽可以见天地纯粹之气。

谓之发,乃'亦足以发'之'发',不必待颜子言,然后谓之发也。"去伪。

精 蕴

"圣人之精,画卦以示;圣人之蕴,因卦以发。"濂溪看《易》,却须看得活。方子。

精,谓心之精微也;蕴,谓德所蕴蓄也。端蒙。

"圣人之蕴,因卦以发。"《易》本未有许多道理,因此卦,遂将许多道理搭在上面,所谓"因卦以发"者也。至。

问"圣人之精""圣人之蕴"。曰:"精,是精微之意;蕴,是包许多道理。"又问:"伏羲始画,而其蕴亦已发见于此否?"曰:"谓之已具于此则可,谓之已发见于此则不可。方其初画,也未有《乾》四德意思,到孔子始推出来。然文王、孔子虽能推出意思,而其道理亦不出伏羲始画之中,故谓之蕴。蕴,如'衣敝蕴袍'之'蕴',是包得在里面。"砥。○饶录云:"方其初画出来,未有今《易》中许多事。到文王、孔子推得出来,而其理亦不外乎始画。"

精,是圣人本意;蕴,是偏旁带来道理。如《春秋》,圣人本意,只是载那事,要见世变,"礼乐征伐自诸侯出","臣弑其君,子弑其父",如此而已。就那事上见得是非美恶曲折,便是"因卦以发"底。如"《易》有太极,是生两仪,两仪生四象,四象生八卦",是圣人本意底;如文王系辞等,孔子之言,皆是因而发底,不可一例作重看。淳。

乾损益动

《通书》曰"乾乾不息"者，"惩忿窒欲、迁善改过"不息是也。节。

"乾乾不息"者，体；"日往月来，寒往暑来"者，用。有体则有用，有用则有体，不可分先后说。僴。

第一句言"乾乾不息"，第二句言《损》，第三句言《益》者，盖以解第一句。若要不息，须著去忿欲而有所迁改。中"乾之用其善是"，"其"字疑是"莫"字，盖与下两句相对。若只是"其"字，则无义理，说不通。人杰。

问："此章前面'惩忿窒欲、迁善改过'皆是自修底事，后面忽说动者何故？"曰："所谓'惩忿窒欲、迁善改过'，皆是动上有这般过失；须于方动之时审之，方无凶悔吝，所以再说个'动'。"僴。

蒙　艮

问"艮其背，背非见也"。曰："这也只如'非礼勿视'，非谓耳无所闻，目无所见也。'奸声乱色，不留聪明；淫乐慝礼，不接心术'，'艮其背'者，只如此耳。程子解'艮其背'，谓'止于所不见'，恐如此说费力。所谓'背'者，只是所当止也。人身四体皆动，惟背不动，所当止也。看下文'艮其止'，'止'字解'背'字，所以谓之'止其所'。止所当止，如'人君止于仁，人臣止于敬'，全是天理，更无人欲，则内不见己，外不见人，只见有理。所以云'艮其背，不获其身；行其庭，不见其人'，正谓此也。"砥。○字录别出。

问："'艮其背'，背非见也。"曰："只如'非礼勿视'，'奸声乱色，不留聪明；淫乐忒礼，不接心术'，非是耳无所闻，目无所见。程子解'艮其背'，谓'止于其所不见'，即是此说，但《易》意恐不如此。《卦象》下'止'，便是去止那上面'止'。'艮其止'一句，若不是'止'字误，本是'背'字，便是'艮其止'句，解'艮其背'一句。'艮其止'，是止于所当止，如《大学》'君止于仁，臣止于敬'之类。程子解此'不及'却好，不知'止'如何又恁地说？人之四肢皆能动，惟背不动，有止之象。'艮其背'，是止于所当止之地；'不获其身，行其庭不见其人'，万物各止其所，便都纯是理。也不见己，也不见有人，都只见道理。"宇。

问："'止非为也。为，不止矣。'何谓也？"曰："止便不作为，作为便不是止。"曰："止是以心言否？"曰："是。"淳举《易传》"内欲不萌，外物不接"。曰："即是这止。"淳。

后　录

"濂溪言'寡欲以至于无'，盖恐人以寡欲为便得了，故言不止于寡欲而已，必至于无而后可耳。然无底工夫，则由于能寡欲。到无欲，非圣人不能也。"曰："然则'欲'字如何？"曰："不同。此寡欲，则是合不当如此者，如私欲之类。若是饥而欲食，渴而欲饮，则此欲亦岂能无？但亦是合当如此者。"

端蒙。

"诚立明通","立"字轻,只如"三十而立"之"立"。"明"字就见处说,如"知天命"以上之事。端蒙。

刘问:"心既诚矣,固不用养,然亦当操存而不失否?"曰:"诚是实也。到这里已成就了,极其实,决定恁地,不解失了,砥录云:"诚,实也。存养到实处,则心纯乎理,更无些子夹杂,又如何持守?"何用养?何用操存?"又问"反身而诚"。曰:"此心纯一于理,彻底皆实,无夹杂,亦无虚伪。"宇。○少异。

问"会元"之期。曰:"元气会则生圣贤,如历家推朔旦冬至夜半甲子。所谓'元气会',亦是此般模样。"宇。

拙　赋

《拙赋》"天下拙,刑政彻",其言似庄老。谟。

朱陆太极图说辩

[宋] 朱　熹　陆九渊

陆象山与朱子书曰：梭山兄谓："《太极图说》与《通书》不类，疑非周子所为。不然，或是其学未成时所作。不然，则或是传他人之文，后人不辨也。盖《通书·理性命》章言'中焉止矣，二气五行，化生万物，五殊二实，二本则一'，曰'一'，曰'中'，即太极也，未尝于其上加'无极'字。《动静》章言五行、阴阳、太极，亦无'无极'之文。假令《太极图说》是其所传，或其少时所作，则作《通书》时不言无极，盖已知其说之非矣。"此言殆未可忽也。兄与梭山书云："不言无极，则太极同于一物，而不足为万化根本。不言太极，则无极沦于空寂，而不能为万化根本。"夫太极者，实有是理，圣人从而发明之耳。非以空言立论，使后人簸弄于颊舌纸笔之间也。其为万化根本，固自素定。其足不足，能不能，岂以人言不言之故邪？《易大传》曰："《易》有太极。"圣人言有，今乃言无，何也？作《大传》时不言无极，太极何尝同于一物而不足为万化根本邪？《洪范》五皇极，列在九畴之中，不言无极，太极亦何尝同于一物而不足为万化根本邪？后书（编者注：书原作世）

又谓:"无极即是无形,太极即是有理。周先生恐学者错认太极别为一物,故著'无极'二字以明之。"《易》之《大传》曰:"形而上者谓之道。"又曰:"一阴一阳之谓道。"一阴一阳已是形而上者,况太极乎! 晓文义者举知之矣。自有《大传》,至今几年,未闻有错认太极别有一物者。设有愚谬至此,奚啻不能以三隅反;何足上烦先生,特地于太极上加"无极"二字,以晓之乎? 且"极"字亦不可以"形"字释之。盖极者,中也。言无极,则是犹言无中也,是奚可哉! 若惧学者泥于形器而申释之,则宜如《诗》言"上天之载",而于下赞之曰"无声无臭"可也,岂宜以"无极"字加于太极之上。朱子发谓濂溪得《太极图》于穆伯长,伯长之传出于陈希夷,其必有考。希夷之学,老氏之学也。"无极"二字,出于《老子》"知其雄"章,吾圣人之书所无有也。《老子》首章言"无名天地之始,有名万物之母",而卒同之,此老氏宗旨也。"无极而太极",即是此旨。老氏学之不正,见理不明,所蔽在此。兄于此学,用力之深,为日之久,曾此之不能辨,何也?《太极图说》以"无极"二字冠首,而《通书》终篇未尝一及"无极"字。二程言论文字至多,亦未尝一及"无极"字。兄今考订注释,表显尊信,如此其至,恐未得为善祖述者也。潘清逸岂能知濂溪者? 明道、伊川亲师承濂溪,当时名贤居潘右者亦复不少,濂溪之《志》卒属于潘,可见其子孙之不能世其学也,兄何据之笃乎?

朱答曰:来书反复其于无极、太极之辨,详矣。然以熹观之,伏羲作《易》,自一画以下,文王演《易》,自"乾元"以下,皆未尝言太极也,而孔子言之。孔子赞《易》,自太极以下,未尝言无极也,而周子言之。夫先圣后圣,岂不同条而共贯哉?若于此有以灼然实见太极之真体,则知不言者不为少,而言之者不为多矣,何至若此之纷纷哉!今既不然,则吾之所谓理者,恐其未足以为群言之折衷;又况于人之言有所不尽者,又非一二而已乎?既蒙不鄙而教之,熹亦不敢不尽其愚也。且夫《大传》之太极者,何也?即两仪四象八卦之理,具于三者之先而蕴于三者之内者也。圣人之意,正以其究竟至极,无名可名,故特谓之太极。犹曰"举天下之至极无以加此"云尔,初不以其中而命之也。至如"北极"之"极","屋极"之"极","皇极"之"极","民极"之"极",诸儒虽有解为中者,盖以此物之极常在此物之中,非指极字而训之以中也。极者,至极而已。以有形者言之,则其四方八面,合辏将来,到此筑底,更无去处,从此推出,四方八面,都无向背,一切停匀,故谓之极耳。后人以其居中而能应四外,故指其处而以中言之,非以其义为可训中也。至于太极,则又无形象方所之可言,但以此理至极而谓之极耳。今乃以中名之,则是所谓理有未明而不能尽乎人言之意者一也。《通书·理性命》章,其首二句言理,次三句言性,次八句言命,故其章内无此三字,而特以三字名其章以表之,则章内之言固已各有所属矣。盖其所谓"灵"、所谓"一"者,乃为太极;而所谓"中"者,乃气禀之得中,与刚善、刚恶、柔善、柔恶者为五性,而属乎五行,初未尝以是为太极也。且曰"中焉止矣",而又下属于"二气五行,化生万物"之云,是亦复成何等文字义理乎?今乃指其中者为太极而属之下文,则又理有未明而不能尽乎人言之意者二也。

若论"无极"二字，乃是周子灼见道体，迥出常情，不顾旁人是非，不计自己得失，勇往直前，说出人不敢说底道理，令后之学者晓然见得太极之妙，不属有无，不落方体。若于此看得破，方见此老真得千圣以来不传之秘，非但架屋下之屋，叠床上之床而已也。今必以为未然，是又理有未明而不能尽乎人言之意者三也。至于《大传》既曰"形而上者谓之道"矣，而又曰"一阴一阳之谓道"，此岂真以阴阳为形而上者哉？正所以见一阴一阳虽属形器，然其所以一阴一阳者是乃道体之所为也。故语道体之至极，则谓之太极；语太极之流行，则谓之道。虽有二名，初无两体。周子所以谓之无极，正以其无方所、无形状，以为在无物之前而未尝不立于有物之后，以为在阴阳之外而未尝不行乎阴阳之中，以为通贯全体，无乎不在，则又初无声臭影响之可言也。今乃深诋无极之不然，则是直以太极为有形状、有方所矣；直以阴阳为形而上者，则又昧于道器之分矣；又于"形而上者"之下复有"况太极乎"之语，则是又以道上别有一物为太极矣。此又理有未明而不能尽乎人言之意者四也。至熹前书所谓"不言无极，则太极同于一物，而不足为万化根本；不言太极，则无极沦于空寂，而不能为万化根本"，乃是推本周子之意，以为当时若不如此两下说破，则读者错认语意，必有偏见之病，闻人说有，即谓之实有，见人说无，即谓之真无耳。自谓如此说得周子之意，已是大杀分明，只恐知道者厌其漏泄之过甚，不谓如老兄者，乃犹以为未稳而难晓也。请以熹书上下文意详之，岂谓太极可以人言而为加损者哉？是又理有未明而不能尽乎人言之意者五也。来书又

谓:"《大传》明言'《易》有太极',今乃言无,何邪?"此尤非
所望于高明者。今夏因与人言《易》,其人之论正如此,当时
对之不觉失笑,遂至被劾。彼俗儒胶固,随语生解,不足深怪。
老兄平日自视为何如,而亦为此言邪? 老兄且谓《大传》之所
谓"有",果如两仪、四象、八卦之有定位,天地、五行、万物之
有常形邪? 周子之所谓"无",是果虚空断灭,都无生物之理
邪? 此又理有未明而不能尽乎人言之意者六也。老子"复归
于无极",无极乃无穷之义,如庄生"入无穷之门,以游无极之
野"云尔,非若周子所言之意也。今乃引之,而谓周子之言实
出乎彼,此又理有未明而不能尽乎人言之意者七也。

陆曰:来书本是主张"无极"二字,而以明理为说,其要
则曰"于此有以灼然实见太极之真体"。九渊窃谓老兄未曾
实见太极。若实见太极,上面必不更著"无极"字,下面必不
更著"真体"字。上面加"无极"字,正是叠床上之床;下面
著"真体"字,正是架屋下之屋。虚见之与实见,其言固自不
同也。

朱曰:熹亦谓老兄正为未识太极之本无极而有真体,故
必以中训极,而又以阴阳为形而上者之道。虚见之与实见,其
言果不同也。

陆曰:《系辞》言"神无方"矣,岂可言"无神"? 言"易
无体"矣,岂可言"无易"? 老氏以无为天地之始,以有为万
物之母,以常无观妙,以常有观窍;直将"无"字搭在上面,正
是老氏之学,岂可讳也?

朱曰:熹详老氏之言有无,以有无为二;周子之言有无,

以有无为一。正如南北、水火之相反。更请子细著眼,未可容易讥评也。

陆曰:此理乃宇宙之所固有,岂可言无? 若以为无,则君不君,臣不臣,父不父,子不子矣。

朱曰:请详看熹前书,曾有"无理"二字否?

陆曰:极亦此理也,中亦此理也。五居九畴之中,而曰"皇极",岂非以其中而命之乎? 民受天地之中以生,而《诗》言"立我烝民,莫非尔极",岂非以其中命之乎?《中庸》曰:"中也者,天下之大本也。和也者,天下之达道也。致中和,天地位焉,万物育焉。"此理至矣,外此,岂更复有太极哉?

朱曰:"极"是名此理之至极,"中"是状此理之不偏,虽然同是此理,然其名义各有攸当。虽圣贤言之,亦未敢有所差互也。若"皇极"之"极","民极"之"极",乃为标准之意,犹曰"立于此而示于彼,使其有所向望而取正焉"耳,非以其中而命之也。"立我烝民","立"与"粒"通,即《书》所谓"烝民乃粒"。"莫非尔极",则"尔"指后稷而言。盖曰"使我众人皆得粒食,莫非尔后稷之所立者是望"耳。"尔"字不指天地,"极"字亦非指所受之中。中者,天下之大本,乃以喜怒哀乐之未发,此理浑然无所偏倚而言。太极固无偏倚而为万化之本,然其得名,自为"至极"之极,而兼有标准之义,初不以中而得名也。

陆曰:以极为中,则为不明理;以极为形,乃为明理乎?

朱曰:老兄自以中训极,熹未尝以形训极也。

陆曰:字义固有一字而数义者,用字则有专一义者,有兼数义者。而字之指归又有虚实，虚字则但当论字义，实字则当论所指之实，则有非字义所能拘者。如"元"字，有始义，有长义，有大义。《坤》五之"元吉"，《屯》之"元亨"，则是虚字，专为大义，不可复以他义参之。如"乾元"之"元"，则是实字，论其所指之实，则《文言》所谓善，所谓仁，皆元也，亦岂可以字义拘之哉？"极"字亦如此。"太极""皇极"，乃是实字，所指之实，岂容有二？充塞宇宙，无非此理，岂容以字义拘之乎？中即至理，何尝不兼至义。《大学》《文言》皆言"知至"，所谓"至"者，即此理也。语读《易》者曰："能知太极，即是知至。"语读《洪范》者曰："能知皇极，即是知至。"夫岂不可？盖同指此理，则曰"极"，曰"中"，曰"至"，其实一也。"一极备凶，一极无凶"，此两极字乃是虚字，专为全义，却使得"极者，至极而已"，于此用"而已"字方用得当。老兄最号为精通诂训文义者，何为尚惑于此？

朱曰：熹详"知至"二字虽同，而在《大学》则"知"为实字，"至"为虚字，两字上重而下轻，盖曰"心之所知无不到"耳；在《文言》则"知"为虚字，"至"为实字，两字上轻而下重，盖曰"有以知其所当至之地"耳。两义既自不同，而与太极之为至极者，又皆不相似。请更详之。

陆曰：直以阴阳为形器而不得为道，此尤不敢闻命。《易》之为道，一阴一阳而已。先后、始终、动静、晦明、上下、进退、往来、阖辟、盈虚、消长、尊卑、贵贱、表里、隐显、向背、顺逆、存亡、得丧、出入、行藏，何适而非一阴一阳哉？奇耦相寻，变化无穷，故曰"其为道也屡迁"。《说卦》曰："是以立天之道，曰阴与阳。"顾以阴阳为非道而直谓之形器，而孰为昧于道器之分哉？

朱曰：若以阴阳为形而上者，则形而下者复是何物？熹则曰：凡有形有象者，皆器也；其所以为是器之理者，则道也。如是，则来书所谓始终、晦明、奇偶之属，皆阴阳所为之器，独其所以为是器之理，如目之明、耳之聪、父之慈、子之孝，乃为道耳。

陆曰：《通书》云："中者，和也，中节也，天下之达道也，圣人之事也。故圣人立教，俾人自易其恶，自致其中而止矣。"周子之言中如此，亦不轻矣。外此，岂更别有道理，乃不得比虚字乎？所举《理性命》章五句，但欲见《通书》言"中"言"一"，而不言"无极"耳。"中焉止矣"一句，不妨自是断章。兄必见诬以属之下文，兄之为辩，失其指归，大率类此。

朱曰：周子言"中"，而以"和"字释之，又曰"中节"，又曰"达道"。彼非不识字者，而其言显与《中庸》相戾，则亦必有说矣。盖此中字，是就气禀发用而言其无过不及处耳，非直指本体未发无所偏倚者而言也。岂可以此而训极为中也哉？

陆曰：《大传》《洪范》《毛诗》《周礼》与《太极图说》孰古？以极为形，而谓不得为中；以一阴一阳为器，而谓不得为道。无乃绌古书为不足信，而任胸臆之所裁乎？

朱曰：《大传》《洪范》《诗》《礼》皆言极而已，未尝谓极为中也。先儒以此极处常在物之中央，而为四方之所面向而取正，故因以中释之，盖亦未为甚失。而后人遂直以极为中，则又不识先儒之本意矣。

陆曰：来书谓周子说出人不敢说底道理，谓之无极。诚令以无方所、无形状而言，不知人有甚不敢道处。但加之太极之上，则吾圣门正不肯如此道耳。

朱曰："无极而太极"，犹曰"莫之为而为，莫之致而至"，又如曰"无为之为"，皆语势之当然，非谓别有一物也。其意则固若曰：非如皇极、民极、屋极之有方所形象，而但有此理之至极耳。若晓此意，则于圣门有何违判，而不肯道乎？"上天之载"，是就有中说无；"无极而太极"，是就无中说有。若实见得，即说有说无，或先或后，都无妨碍。今必如此拘泥，强生分别，曾谓"不尚空言，专务事实"，而反如此乎！

陆曰：夫乾确然示人易矣，夫坤隤然示人简矣，太极亦何尝隐于人哉？尊兄两下说无说有，不知漏泄得多少！如所谓"太极真体，不传之秘"，"无物之前，阴阳之外"，"不属有无，不落方体"，"迥出常情，超出方外"等语，莫是曾学禅宗所得如此？平时既私其说以自妙，及教学者，则又往往秘此，而多说文义，此"漏泄"之说所从出也。以实论之，两头都无著实，彼此只是葛藤。末说气质不美者乐寄此以神其奸，不知系绊多少好气质底学者！既以病己，又以病人，殆非一言一行之过。兄其无以久习于此而重自反也！

朱曰：太极固未尝隐于人，然人之识太极者则少矣，往往只是于禅学中认得个昭昭灵灵，能作用底，便谓此是太极，而不知所谓太极乃天地万物本然之理，亘古亘今，颠扑不破者也。"迥出常情"等语，只是俗谈，即非禅家所能专有，不应儒者反当回避。况今虽偶然道著，而其所见所说，即非禅家道理。非如他入，阴实祖用其说，而改头换面，阳讳其所自来也。

如曰"私其说以自妙，而又秘之"，又曰"寄此以神其奸"，又曰"系绊多少好气质底学者"，则恐世间自有此人，可当此语。熹虽无状，自省得与此语不相似也。

　　宗羲案：朱、陆往复，几近万言，亦可谓无余蕴矣。然所争只在字义、先后之间，究竟无以大相异也。惟是朱子谓"无极即是无形，太极即是有理，在无物之前而未尝不立于有物之后，在阴阳之外而未尝不行于阴阳之中"，此朱子自以理先气后之说解周子，亦未得周子之意也。罗整庵《困知记》谓："'无极之真，二五之精，妙合而凝'三语，不能无疑。凡物必两而后可以言合，太极与阴阳果二物乎？其为物也果二，则方其未合之先，各安在邪？朱子终身认理气为二物，其原盖出于此。"不知此三语，正明理气不可相离，故加"妙合"以形容之，犹《中庸》言"体物而不可遗"也。非"二五之精"，则亦无所谓"无极之真"矣。朱子言无形有理即是，是寻"无极之真"于"二五之精"之外，虽曰无形而实为有物，亦岂无极之意乎？故以为歧理气出自周子者，非也。至于《说》中"无欲故静"一语，非其工夫之下手处乎？此语本孔安国"仁者静"之注，盖先圣之微言也。

　　王鲁斋曰："无极而太极"一句，朱子谓无形而有理，非不明白。然命词之意，咀嚼未破，故象山未能释然。某妄意谓此是《太极图说》，只当就图上说此一句，不可悬虚说理，若又有所谓无极之理。盖周子欲为此图以示人也，而太极无形无象，本不可以成图，然非图，则造化之渊微又难于模写，不得已画为图象，拟天之形，指为太极。又苦无形无象，故于图首发此一语，不过先释太极之本无此图象也。

刘静修《记太极图说后》曰：《太极图》，朱子发谓周子得于穆伯长，而胡仁仲因之，遂亦谓穆特周子学之一师；陆子静因之，遂亦以朱《录》为有考而潘《志》之不足据也。盖胡氏兄弟于希夷不能无少讥议，是以谓周子为非止为种、穆之学者。陆氏兄弟以希夷为老氏之学而欲其当谬加无极之责，而有所顾藉于周子也。然其实，则穆死于明道元年，而周子时年十四矣。梓材案：周子生于天禧元年丁巳，至明道元年壬申，盖年十六矣。作十四误。是朱氏、胡氏、陆氏不惟不考乎潘《志》之过，而又不考乎此之过也。然始也，朱子见潘《志》，知《图》为周子所自作，而非有所受于人也，于乾道己丑已叙于《通书》之后矣。后八年记书堂，则亦曰"不由师传，默契道体，实天之所畀"也。又十年，因见张咏事有阴阳之语，与《图说》意颇合，以咏学于希夷者也，故谓"是说之传，固有端绪，至于先生，然后得之于心，无所不贯，于是始为此图，以发其秘"尔。又八年而为《图》《书》注释，则复云"莫或知其师传之所自"。盖前之为说者，乃复疑而未定矣。岂亦不考乎此，故其为说之不决于一也？而或又谓周子与胡宿、邵古同事润州一浮屠而传其《易》书，此盖与谓邵氏之学因其母旧为某氏妾，藏其亡夫遗书以归邵氏者，同为浮薄不根之说也。然而周子、邵子之学，《先天》《太极》之图，虽不敢必其所传之出于一，而其理则未尝不一；而其理之出于《河图》者，则又未尝不一也。夫《河图》之中宫，则《先天图》之所谓无极，所谓太极，所谓道与心者也。《先天图》之所谓无极，所谓太极，所谓道与心者，即

《太极图》之所谓"无极而太极",所谓"太极本无极",所谓人之所以"最灵"者也。《河图》之东北,阳之二生数统乎阴之二成数,则《先天图》之左方震一、离兑二、乾三者也。《先天图》之左方震一、离兑二、乾三者,即《太极图》之左方阳动者也;其兑离之为阳中之阴,即阳动中之为阴静之根者也。《河图》之西南,阴之二生数统乎阳之二成数,则《先天图》之右方巽四、坎艮五、坤六者也。《先天》之右方巽四、坎艮五、坤六者,即《太极图》之右方阴静者也;其坎艮之为阴中之动者,即阴静中之为阳动之根者也。《河图》之奇偶,即《先天》《太极图》之所谓阴阳而凡阳皆乾、凡阴皆坤也。《河图》《先天》《太极图》之左方,皆离之象也;右方,皆坎之象也。是以《河图》水火居南北之极,《先天图》坎离列左右之门,《太极图》阳变阴合而即生水火也。

吴草庐曰:太极者,何也? 曰:道也。道而称之曰太极,何也? 曰:假借之辞也。道不可名也,故假借可名之器以名之也。以其天地万物之所共由也,则名之曰道;道者,大路也。以其条派缕脉之微密也,则名之曰理;理者,玉肤也。皆假借而为称者也。真实无妄曰诚,全体自然曰天,主宰造化曰帝,妙用不测曰神,付与万物曰命,物受以生曰性,得此性曰德,具于心曰仁,天地万物之统会曰太极。道也,理也,诚也,天也,帝也,神也,命也,性也,德也,仁也,太极也,名虽不同,其实一也。极,屋栋之名也。屋之脊檩曰栋。就一屋而言,惟脊檩至高至上,无以加之,故曰极。而凡物之统会处,因假借其义而名为极焉,辰极、皇极之类是也。道者,天地万物之统会, 至尊至贵, 无以加者, 故亦假借屋栋之名而称之曰极也。然则何以谓之太? 曰: 太之为言, 大之至甚也。夫屋极者, 屋栋为一屋之极而已; 辰极者, 北辰为天体之极而已; 皇极者, 人君一身为天下众人之极而已。以至设官为民之极, 京师为四方之极, 皆不过指一物一处而言也。道者, 天地万物之极也。虽假借极之一字, 强为称号, 而曾何足以拟议其仿佛哉! 故又尽其辞而曰太极者, 盖曰此极乃甚大之极, 非若一物一处之极然。彼一物一处之极, 极之小者耳; 此天地万物之极, 极之至大者也, 故曰太极。邵子曰:"道为太极。"太祖问曰:"何物最大?"答者曰:"道理最大。"其斯之谓与! 然则何以谓之无极? 曰: 道为天地万物之体而无体, 谓之太极而非有一物在一处, 可得而指名之也, 故曰无极。《易》曰:"神无方, 易无体。"《诗》曰:"上天之载, 无声无臭。"其斯之谓与! 然则"无极而太极", 何也? 曰: 屋极、辰极、皇极、民极、四方之极, 凡物之号为极者, 皆有可得而指名者也, 是则有所谓极也。道也者, 无形无象, 无可执著, 虽称曰极, 而无所谓极也, 虽无所谓极, 而实为天地万物之极, 故曰"无极而太极"。

许白云《答或人问》曰:《太极图》之原出于《易》, 而其义则有前圣所未发者。周子探大道之精微而笔成此书, 其所以包括大化, 原始要终, 不过二百余字, 盖亦无长语矣。谓之去"无极"二字而无所损, 则不可也。太极者, 孔子名其道之辞。无极者, 周子形容太极之妙。二陆先生适不烛乎此, 乃以周子加"无极"字为非。盖以太极之上不宜加无极一重, 而不察无极即所以赞太极之语。周子虑夫读《易》者不知太极之义，而以太极为一物，故特著"无极"二字以明之，谓无此形而有此理也。以此坊民，至今犹有以太极为一物者，而谓可去之哉？朱子辩之精，而晓天下后世者亦至矣，此固非后学之所敢轻议也。此外则无可议可辩者矣，非朱、陆二子之思虑不及也。太极、两仪之言，《图》本于《易》也。而两仪之义则微有不同，然皆非天地之别名也。《易》之两仪，指阴阳奇耦之画而言；《图》之两仪，指阴阳互根之象而言也。《易》以一而二，二而四，四而八，八而十六，十六而三十二，三十二而六十四；《图》以一而二，二而五，五而一，一而万者也。《易》以阴阳之消长而该括事物之变化，《图》明阴阳之流行而推原生物之本根，《图》固所以辅乎《易》也。惟以两仪为天地，则大不可。以《易》之两仪为天地，则四象、八卦非天地所能生；以《图》之两仪为天地，则五行亦非天地所可生也。夫太极，理也；阴阳，气也；天地，形也。合而言之，则形禀是气而理具于气中；析而言之，则形而上、形而下不可以无别。所谓《图》以阳先生于阴，与"太极生两仪"者异，此犹有可论者。太极之中本有阴阳，其动者为阳，静者为阴，生则俱生，非可以先后言也。一元混沦而二气分肇，譬犹一木析之为二，两半同形，何先后之有！《易》之辞简，故惟曰"生两仪"；《图》之言详，故曰"动而生阳，动极而静；静而生阴，静极复动"。阴阳既有两端，出言下笔必有先后，其可同言而并著之乎？况下文继之曰"一动一静，互为其根"，则非先后矣。而下文又曰"分阴分阳，两仪立焉"，乃先言阴而后言阳。此周子错综其文，而阴阳无始之义亦可见矣。当以上下文贯穿观之，不可断章取义也。虽然，动静亦不可谓无先后。自一气混沌，其初始分，须有动处，乃其始也。元会运世，岁月日时，大小不同，理则一也。其气之运行，皆先阳而后阴。一岁之日，春夏先而秋冬后；春夏，阳也。一元之运，子先而午后；子至巳，阳。数以一为阳，二为阴，一固先于二。人以生为阳，死为阴，生固先于死。孰谓阳不先于阴乎？但未动之前，亦只为静。此乃互根之体，终不可定以为阳先耳。所谓太极之下生阴阳，阴阳之下生五行，及乎男女成形，万物化生，《图》中各有次序，则以太极与天地五行相离，则又不可也。阴阳不可名天地，前既已言之矣。太极、阴阳、五行，下至于成男女而化生万物，此正推原生物之根柢，乃发明天地之秘，而反以为病，何其异邪！太极剖判，此世俗相承之论，非君子之言也。太极无形，何可剖判？其所判者，乃一元之气。闭物之后，溟涬玄漠；至开天之时，则轻清者渐澄而为天，重浊者渐凝而为地，乃可言判耳。太极、阴阳、五行之生，非果如母之生子而母子各具其形也。太极生阴阳，而太极即具阴阳之中；阴阳生五行，而太极、阴阳又具五行之中；安能相离也？何不即"五行，一阴阳；阴阳，一太极"之言而观之乎？所谓"乾道成男，坤道成女"，则二气不待交感而各自生物，又不可也。此一节自"无极之真，二五之精，妙合而凝。'乾道成男，坤道成女'，二气交感，化生万物"作一贯说下，安得谓不交感而自化生邪？成男成女，朱子谓此人物之始，以气化而生者。气聚成形，遂以形化而无穷。真精合而有成，而所成者则有阴阳之异。其具阳之形者，乾之道；具阴之形者，坤之道。又合则又生，至于无穷，则不出乎男女也。今所问之言，果有所疑邪？或直以周子之言未当也？如其果疑，则以前说求之，或得其便概。直以言为未当，则非敢预闻此不韪也。待承下问，敢以为复！

百家谨案：周子之作《太极图说》，朱子特为之注解，极其推崇，至谓得千圣不传之秘，孔子后一人而已。二陆不以为然，遂起朱、陆之同异。至今纷纷，奴主不已。宗朱者诋陆，以及慈湖、白沙、阳明；宗陆者诋朱及周，近且有诋及二程者矣。夫周、程、朱、陆诸君子，且无论其学问之造诣，破暗千古，其立身行己，俱万仞壁立。其在两间，则斗杓、华岳也；在人，则宗祖父母也。是岂可诋毁者！且道理本公共之物，诸君子即或有大纯小疵处，亦只合平心参酌，必无可死守门户，先自存心于悖躁，而有诋毁之理。明嘉靖南禺丰氏坊作《易辩》，辩《太极图说》，滔滔八千余言，故索垢瘢，此不足述者。至于其图之授受来由，虽见于朱汉上震之《经筵表》，而未得其详。今节略先叔父晦木《忧患学易》中《太极图辩》于此，以俟后之君子或否或是焉！

周子《太极图》，创自河上公，乃方士修炼之术也，实与老、庄之长生久视，又属旁门。老、庄以虚无为宗，无事为用。方士以逆成丹，多所造作，去致虚静笃远矣。周子更为《太极图说》(编者注：说字原缺)，穷其本而反于老、庄，可谓拾瓦砾而得精蕴。但缀《说》于图，而又冒为《易》之太极，则不侔矣。盖夫子之言太极，不过赞《易》有至极之理，专以明《易》也，非别有所谓太极而欲上乎羲、文也。周子之“无极而太极”，则空中之造化，而欲合老、庄于儒也。朱子得图于葛长庚，曰"包牺未尝言太极而孔子言之,孔子未尝言无极而周子言之",未免过于标榜矣。考河上公本图名《无极图》,魏伯阳得之以著《参同契》,钟离权得之以授吕洞宾。洞宾后与陈图南同隐华山,而以授陈,陈刻之华山石壁,陈又得《先天图》于麻衣道者,皆以授种放。放以授穆修与僧寿涯。修以《先天图》授李挺之,挺之以授邵天叟,天叟以授子尧夫。修以《无极图》授周子,周子又得"先天地"之偈于寿涯。其图自下而上,以明逆则成丹之法。其重在水火。火性炎上,逆之使下,则火不熛烈,惟温养而和煦。水性润下,逆之使上,则水不卑湿,惟滋养而光泽。滋养之至,接续而不已;温养之至,坚固而不败。其最下圈名为"玄牝之门",玄牝即谷神,牝者窍也,谷者虚也,指人身命门两肾空隙之处,气之所由以生,是为祖气。凡人五官百骸之运用知觉,皆根于此。于是提其祖气上升,为稍上一圈,名为"炼精化气,炼气化神"。炼有形之精,化为微芒之气,炼依希呼吸之气,化为出有入无之神,使贯彻于五脏六腑,而为中层之左木火、右金水、中土相联络之一圈,名为"五气朝元"。行之而得也,则水火交媾而为孕。又其上之中分黑白、两相间杂之一圈,名为"取坎填离",乃成圣胎。又使复还于无始,而为最上之一圈,名为"炼神还虚,复归无极",而功用至矣。盖始于得窍,次于炼己,次于和合,次于得药,终于脱胎求仙,真长生之秘诀也。周子得此图,而颠倒其序,更易其名,附于《大易》,以为儒者之秘传。盖方士之诀,在逆而成丹,故从下而上;周子之意,以顺而生人,故从上而下。太虚无有,有必本无,乃更最上圈"炼神还虚,复归无极"之名曰"无极而太极"。太虚之中,脉络分辨,指之为理,乃更其次圈"取坎填离"之名曰"阳动阴静"(编者注: 阳动阴静原作阴动阳静)。气生于理,名为气质之性,乃更第三圈"五气朝元"之名曰"五行各一性"。理气既具而形质呈,得其全灵者为人,人有男女,乃更第四圈"炼精化气,炼气化神"之名曰"乾道成男,坤道成女"。得其偏者蠢者为万物,乃更最下圈"玄牝"之名曰"万物化生"。愿就是图详审之。"《易》有太极",夫子赞《易》而言也,不可云无极;无方者神也,无体者《易》也,不可图圆相。有者无之,无者有之,恐非圣人本旨。次圈判左右为阴阳,以阴阳推动静,就其(编者注: 其原作非)贯穿不淆乱之处,指之为理。此时气尚未生,安得有此错综之状,将附丽于何所? 观其黑白之文,实坎、离两卦成《既济》之象,中含圣胎。谓之"取坎填离",则明显而彰著;谓之"阳动而阴静",则阳专属诸离,离专主动,阴专属诸坎,坎专主静,岂通论哉? 五行始于《洪范》,言天地之气化运行,若有似乎木火土金水者。然其实,木火土金水,万物中之五物也,非能生人者也。此时人物未生,此五者之性于何而辨?《易系》言"乾道成男,坤道成女",亦谓乾之奇画,成男之象;坤之偶画,成女之象;非云生于天者为男,生于地者为女也。且天之生男女、万物,在一气中,无分先后。其下二圈在方士为玄牝、炼化,自属两层;乃男女、万物亦分二圈,恐属重出矣。至其《说》曰:"太极动而生阳,动极而静;静而生阴,静极复动。一动一静,互为其根。分阴分阳,两仪立焉。"阴阳虽有动静之分,然动静非截然两事。阴阳一气也,一阖一辟谓之变,往来不穷谓之通,而何有乎分?动静无端,阴阳无始,而何有乎生?"分阴分阳"与"生生之谓易",自《易》之为书而言,以明奇偶柔刚之叠用相生,则可;自造化而言,以为太极所生,阴阳所分,则不可。仪者,象也;两仪者,卦中所函奇偶之象也。今直以为天地之名,则不可。天有阴阳,地有柔刚,斯道无往而不在,非分阳而立天,分阴而立地也。曰:"阳变阴合,而生水火木金土。五气顺布,四时行焉。"夫四时之序,阴阳之运耳。阴阳既合,万物齐生,岂有先生水火木金土,自为一截,待水火木金土之气布,而后四时得行乎?若然,则是又以五行生阴阳,先生质而后生气也。曰:"五行,一阴阳也;阴阳,一太极也;太极,本无极也。五行之生也,各一其性。无极之真,二五之精,妙合而凝。"五行各性,性已纷杂,复参以阴阳而七,杂乱棼扰,如何谓之精?如何可以凝?《大传》曰:"天地氤氲,万物化醇;男女媾精,万物化生。"故三人损一以致一。三且不能生,况于七乎?曰:"'乾道成男,坤道成女',二气交感,化生万物。万物生生,而变化无穷焉。"乾男坤女,显然形质,此时万物无不备具,何故又言二气之交感而化生万物也?吾不知此男女合物之雌雄牝牡俱在内,又不知专指人言。如合雌雄牝牡,则与图之所分属者不侔(编者注:侔原作谋);如专指人,人无化生异类之事。曰:"惟人也得其秀而最灵。形既生矣,神发知矣,五性感动而善恶分,万事出矣。"性一也,分天命、气质为二,已属臆说,况又析而为五!感动在事,不在性,四端流露,触物而成。即以乍见孺子入井论之,发为不忍乃其仁,往救乃其义,救之而当乃其礼,知其当救乃其智，身心相应乃其信，焉有先分五性然后感动之理？五性之说，大异乎夫子所云"继之者善，成之者性"，子思"天命之谓性"，孟子道性善之旨矣。曰："圣人定之以中正仁义，而主静，立人极焉。故圣人与天地合其德，与日月合其明，与四时合其序，与鬼神合其吉凶。君子修之吉，小人悖之凶。"仁义者，性之大端也，循是而行谓之道，然恐其行之也不免于过、不及之差，则圣人立教，使协于中而归于正。今以中正、仁义对言，而中正且先乎仁义，则于天命之性、率性之道、修道之教之三言者，何所施邪？谓性有善恶，而仁义待乎圣人之所定，此告子杞柳、桮棬之说也。老氏之学，致虚极，守静笃，甘瞑于无何有之乡，恝然似非人，内守而外不荡，归根曰静，静曰复命。主静、立人极，其亦本此与？其后杂引《文言》《说卦》，而以知生死为《易》之至，盖自呈其所得之学，立说之原尔！

据此，人能去其所存先入之见，平心一一案之，实可知此无极之太极，绝无与夫子所云之"《易》有太极"，宜乎为二陆所疑，谓非周子所作。盖周子之《通书》，固粹白无瑕，不若《图说》之儒非儒、老非老、释非释也。况《通书》与二程俱未尝言及无极，此实足徵矣。百家所以不敢仍依《性理大全》之例，列此《图说》于首，而止附于《通书》之后，并载仲父之辩焉。

祖望谨案：晦木先生宗炎，梨洲先生之仲弟也。先生雅不喜先天、太极之说，因作《图学辩惑》一卷。自《先天》《太极》之图出，儒林疑之者亦多，然终以其出于大贤，不敢立异。即言之，嗛嗛莫能尽也。至先生而悉排之，世虽未能深信，而亦莫能夺也。

梨洲太极图讲义

[清] 黄宗羲

通天地,亘古今,无非一气而已。气本一也,而有往来、阖辟、升降之殊,则分之为动静。有动静,则不得不分之为阴阳。然此阴阳之动静也,千条万绪,纷纭胶轕,而卒不克乱,万古此寒暑也,万古此生长收藏也,莫知其所以然而然,是即所谓理也,所谓太极也。以其不紊而言,则谓之理;以其极至而言,则谓之太极。识得此理,则知"一阴一阳"即是"为物不贰"也。其曰无极者,初非别有一物依于气而立,附于气而行。或曰因《易》有太极"一言,遂疑阴阳之变易,类有一物主宰乎其间者,是不然矣,故不得不加"无极"二字。造化流行之体,无时休息,中间清浊刚柔,多少参差不齐,故自形生神发、五性感动后观之,知愚贤不肖,刚柔善恶中,自有许多不同。世之人一往不返,不识有无浑一之常,费隐妙合之体,徇象执有,逐物而迁,而无极之真,竟不可见矣。圣人以"静"之一字反本归元,盖造化、人事,皆以收敛为主,发散是不得已事,非以收敛为静,发散为动也。一敛一发,自是造化流行不息之气机,而必有所以枢纽乎是,运旋乎是,是则所谓静也,故曰主静。

学者须要识得静字分晓,不是不动是静,不妄动方是静。慨自学者都向二五上立脚,既不知所谓太极,则事功一切俱假。而二氏又以无能生有,于是误认无极在太极之前,视太极为一物,形上形下,判为两截。蕺山先师曰:"千古大道陆沈,总缘误解太极。'道之大原出于天',此道不清楚,则无有能清楚者矣。"